第四章 形篇

孙子曰：昔之善战者，先为不可胜，以待敌之可胜。不可胜在己，可胜在敌。

注释 昔之善战者：汉简本「昔」下无「之」字。昔：从前，过去。与「今」相对。《书·尧典》：「昔在帝尧，聪明文思，光宅天下。」唐杜审言《渡湘江》诗：「迟日园林悲昔游，今春花鸟作边愁。」为：做。这里指做到，创造。不可胜：指不被战胜的条件。张预注曰：「所谓『知己』者也。」待：等待，等候。《左传·隐公元年》：「多行不义，必自毙，子姑待之。」唐韩愈《赴江陵途中寄赠三学士》诗：「积雪验丰熟，幸宽待蚕麰。」《儒林外史》第二六回：「慢些，待我吃完了说。」

可胜：指敌人可以被战争的条件或机会。不可胜在己，可胜在敌：在己：指在于己方的主观努力，是己方能够通过努力做到的；在敌：指在于敌人方面的条件或情况，不是以己方的意志为转移的。曹操曰：「自修治，以待敌之虚懈也。」李筌曰：「夫善用兵者：守则深壁，多具军食，善其教练；攻其城，则尚橦棚、云梯、土山、地道；陈则在山川、丘陵，背孤向虚，从疑击间，善战者掎角势连，首尾相应者，为不可胜也。夫善战者，能为不可胜，不能使敌之必可胜。故曰：胜可知而不可为；不可胜者守也，可胜者攻也。此数者以为可胜也。」王晳曰：「不可胜者，修道保法；可胜者，有所隙也。」

译文 孙子说：自古以来善于作战的人，先要做到使自己不可被敌人战胜，然后等待战胜敌人的机会。不能被敌人战胜的主动权，在于自己的努力；能否战胜敌人，则在于敌人那一方是否有机可乘。

评点 《形篇》中所谓的「形」，其实就是指客观物质力量，表现在军事上，就是兵力的多寡、实力的强弱和军事素质的优劣。「先为不可胜，以待敌之可胜」是孙子在本篇中提出的一个重要的作战指导思想，其中心是说的不打无把握之仗，反对侥幸求胜的鲁莽冒进的作战方式，并围绕着这一中心，对攻防关系作了极为深刻而精辟的论述。《形篇》虽然只有四百字，但却精辟地论述了在治军乃至治国中必须注意「形」的道理。只有根据敌我双方政治、经济、军事等实力的强弱，采取灵活机动的作战形式，才能使自己永远立于不败之地。

战国后期，赵国名将李牧抵御匈奴，就是利用了《形篇》中「先为不可胜，以待敌之可胜」的策略。赵国的北边有大片地区与匈奴等少数民族相邻，边防经常遭受匈奴人侵犯，赵王决定派李牧去驻守代郡雁门一带（今山西省东北部），以阻止匈奴南犯。李牧到任后，首先从各个方面搜集匈奴人的情报，了解他们来犯前前后后的各种情况，以及己方守边官兵的各种实际状况。经过多方了解、分析，李牧发现，匈奴人不但英勇善战，并且每次来犯都经过了长时间的精心准备。而赵国的守将都是从内地各处征调而来的，上下之间、军民之间的各种关系都不融洽，再加上官兵没有在草原上作战的经验，因此每战必败。根据这些情况，李牧认为，要想打败匈奴，必须首先治理自己的军队，然后等待反攻的时机。等各方面时机成熟之后，再一举出击，彻底打败匈奴。于是，他对军队进行了改革，「以便宜置吏，市租皆输入莫府，为士卒费。日击数牛飨士，习射骑，谨烽火，多间谍，厚遇战士。为约曰：『匈奴即入盗，急入收保，有敢捕虏者斩。』」也就是说：(1)根据军队实战需要来设置军职和职责划分，辖区内的赋税收入军营后统一调度，作为士兵粮饷的来源；(2)平时抓紧练兵，教士兵骑马射箭的技术，提高军事素质，同时注意体恤士兵，改善士兵的生活；(3)派遣士兵深入匈奴腹地，化装成牧人刺探军情；(4)充分利用烽火台等监视设施，一旦发现敌人来犯就及时发出信号，全体将士进入阵地自保，没有他的命令不可擅自出击。在修养和整顿期间，匈奴虽多次来犯，赵军一次也没有出击。所以赵军没有损耗一兵一卒，土地也没有丢失一寸，基本

上达到了预期的目的，创造了不被匈奴打败的条件。但是，李牧所做的这一切不但被匈奴认为是怯战，在赵国内部也引起了非议，赵国官兵及赵王都误以为李牧胆小怕事不敢主动出击。赵王为此责备李牧，但李牧依然如故。赵王大怒，把李牧撤换回来，另派一名将军去镇守边疆。那名将军到任后，每遇匈奴来犯，必去迎战，结果每战必败，不但军事力量损失惨重，因交战频繁，边防地区难以进行正常的农业生产。赵王无奈，『复请李牧，牧杜门不出，固称疾。赵王乃复强起使将兵。牧曰：「王必用臣，臣如前，乃敢奉令。」王许之。』

李牧获得了赵王的理解，再次上任后，一如既往地加强自卫，积蓄力量。这样经过数年，匈奴一无所获，更加认为李牧怯战，自然放松了对李牧和赵军的戒备，而此时赵军将士和百姓都士气高昂，愿与匈奴决战。李牧见时机成熟，遂备好战车1300乘、战马13000匹，组织10万名射箭能手，选拔精兵5万，进行严格的训练和演习。同时，李牧让牧民把大批牧畜赶到原野上放牧。匈奴人贪利，就派小股军队进行侵袭。李牧佯装败走，只用几千赵兵做象征性地抵抗。匈奴单于得知李牧败退，亲率大军南侵。李牧见机会已到，指挥大军，『多为奇陈，张左右翼击之』，大破匈奴10余万骑兵，灭襜褴，破东胡，降林胡。这一年是公元前245年。自此以后十多年，匈奴人不敢再踏进赵国的边境半步。

李牧之所以能大败匈奴，就是成功地运用了《孙子兵法》中『先为不可胜，以待敌之可胜』的战略。

第二次世界大战中，美军在与日军的对峙中，也采取了『先为不可胜，以待敌可胜』的策略。在二战初期，日本为了称霸太平洋，先发制人，于1941年12月偷袭美军珍珠港海军基地。美军遭受日军巨大的打击损失惨重，在这种情况下，按常理推测，美军理应对日本进行报复性打击。但此时美军深知，珍珠港海军基地被袭击之后损失巨大，根本不是日本海军的对手。如果马上把战争规模扩大，时机还不成熟，没有取胜的把握，并可能遭受更多的损失。为了保护海军和整个作战力量，避开日军的锋

芒，美军没有采取过激的行动，而是紧急备战，加强海、空军的建设。直到1944年，当美国海、空军的战斗力已大大加强，而日军已陷入重重危机的时候，美军马上转入攻势，在太平洋战场上一步步打败了日军。

故善战者，能为不可胜，不能使敌之可胜。故曰：胜可知，而不可为。

注释

故善战者：汉简本作『故善者』。能为不可胜：即上文所说『不可胜在己』之意，自己可以做到不可被战胜。

不能使敌之可胜：十一家注本作『不能使敌之可胜』，武经本、樱田本和南宋叶适《习学记言》所引均作『不能使敌之必可胜』，《通典》卷一五二所引作『不能使敌必可胜』，《御览》卷三二二所引作『不能使敌必可胜也』，而卷三一九又作『不能使敌必不可胜己』，汉简本作『不能使敌可胜』。今依十一家注本。意思是自己不能做到敌人一定被我所战胜。贾林注曰：『敌有智谋，深为己备，不能强令不已备。』杜牧注曰：『敌若无形可窥，无虚懈可击，则我虽操可胜之具，亦安能取胜敌乎？』杜佑注曰：『若敌晓练兵事，策与道合，深为备者，亦不可强胜之。』

胜可知，而不可为：汉简本作『胜可智，而不可为也』。意思是胜利可以预见，但不能强求。曹操曰：『敌有备故也。』杜佑注曰：『敌有备也，料敌见敌形者，则胜负可知；若敌密而无形，亦不可强使为败。故范蠡曰：「时不至，不可琼森；事不究，不可强成。」』杜牧注曰：『言我不能使敌人虚懈为我可胜之资。』张预注曰：『已有备，则胜可知，敌有备，则不可为。』

译文

所以，善于打胜仗的人能够事先做到自己不被敌人所战胜，而不能做到使敌人一定会被我军所战胜。所以说：胜利是可以预见的，但却不能强求。

评点

战场上许多情况都是不可预料的，有时候，虽然自己也经过了充分的准备，但敌人的兵力、物力或敌人所拥有

的天时、地利仍然要强于己方，这个时候奢谈战胜强敌，并不是一件容易的事情。在这种情况下，孙子认为，自己要首先积极创造制胜的条件，积蓄实力，使自己立于不败之地，然后，再寻找战机，战胜强敌。

春秋时期，吴王阖闾在孙武、伍子胥等的辅佐下，国力大增。公元前512年，阖闾认为可以攻打楚国了，于是召集孙武、伍子胥共议出兵大事。这时，作为将军的孙武说：『民军，未可，待之。』意思是，如果此时要征伐楚国，时机尚不成熟。楚国地大物博，兵多将广，而吴国虽然实力大增，但毕竟是个小国，人口少，物力也不够富足，要想打败楚国，还需要等待几年。伍子胥因为自己的父兄都被楚王杀害，急于报仇，在赞同孙武的主张的同时，又提出了一个『疲楚』的妙计，即把吴国的士兵分为三支，每次用一支去袭扰楚军，楚军肯定会全师而出进行反击，待楚军一出，吴军就立即返回；待楚军回去，再派另一支军队出去袭扰，这样，自己的军队不会受到多大的影响，而楚国的军队则会疲于奔命，困顿不堪。吴王采纳了他们二人的建议，第二年，阖闾便开始实施伍子胥的『疲楚』计划：派一支部队袭击楚国的六城和潜城（均在今安徽境内），楚国急忙调兵援救潜城，等楚军到达潜城时，吴兵则已离开潜城而攻破了六城。过了一段时间，吴兵又攻击楚国的弦（今河南境内），楚国慌忙调兵长途行军数百里援救弦，但是援军还没有赶到弦，吴兵已撤退回国了。一连六年，吴国用『疲楚』之计使楚国士卒疲于奔命，实力大大消耗。

公元前506年，楚国令尹囊瓦攻打蔡国，蔡国联合唐国向吴国求救，阖闾、孙武、伍子胥均认为出兵攻楚的时机已到，这一年冬天，阖闾亲率伍子胥、伯嚭、孙武，倾全国的军队六万多人誓师伐楚。吴军长驱直入，迫近汉水时，吴军才遇到囊瓦的抵御。双方军队一接触，楚军就土崩瓦解，囊瓦率先逃走，大夫史皇战死，吴军乘胜追击，接连在郧（今湖北境内）、随一带和雍澨大败楚军，然后渡过汉水，五战五胜，迅速攻占楚国都城郢（今湖北江陵）。（关于此役，《史记·吴太伯世家》

有如下记载：『九年，吴王阖闾请伍子胥、孙武曰：「始子之言郢未可入，今果如何？」二子对曰：「楚将子常贪，而唐、蔡皆怨之。王必欲大伐，必得唐、蔡乃可。」阖闾从之，悉兴师，与唐、蔡西伐楚，至于汉水。楚亦发兵拒吴，夹水陈。吴王阖闾弟夫欲战，阖闾弗许。夫曰：「王已属臣兵，兵以利为上，尚何待焉？」遂以其部五千人袭冒楚，楚兵大败，走。于是吴王遂纵兵追之。比至郢，五战，楚五败。楚昭王亡出郢，奔郧。郧公弟欲弑昭王，昭王与郧公奔随。而吴兵遂入郢。子胥、伯嚭鞭平王之尸以报父仇。』）

隋文帝杨坚伐陈之战，在没有绝对取胜把握的情况下，也是采用的自己先积蓄力量，然后消耗敌人的力量，最后一举打败对手的策略。南北朝后期，北周的相国杨坚自立为帝，建立了隋朝，杨坚即是隋文帝。隋文帝胸怀大志，决心一统天下，但在当时，隋的力量还很单薄，而北方的突厥人又不时南侵，于是隋文帝便制定了先灭突厥、后灭陈国的战略方针。

隋文帝在与突厥交战期间，采取千方百计缓和与南方的陈国的关系，并做出一份十分友好的姿态：每次隋朝抓获陈国的间谍，不但不杀不罚，反要以礼相送还；陈国如果有人要投靠隋文帝，为了不因此而影响两国的关系，他也会毅然加以拒绝。同时，为了增加国家实力，隋文帝在自己统治的地区大胆实行改革，简化了政府机构，鼓励农耕，提倡习武。

在击溃了突厥之后，隋文帝开始着手准备灭陈。每到江南收获的季节，隋文帝就派人大造舆论，散布隋要进攻陈国的谣言，陈国不得不紧急调集人马进行防御，以至经常误了农时；江南的粮仓多用竹木搭成，隋文帝就派间谍潜入陈国，因风纵火，经常会烧毁陈国的大量粮仓。经过几年的骚扰之后，陈国的物力、财力都遭受到不小的损失，国力日益衰弱。在本国的进攻准备方面，为了渡江作战，隋文帝任命杨素为水军总管，加紧建造战船，操练水军。杨素建造的战船，最大的叫『五牙』，可乘800人；小的叫『黄龙』，也可乘100余人。为了迷惑陈军，长江边驻防的隋军每次换防时都要大张旗鼓，虚张声势，

令陈军恐惧不安，以为隋军是要渡江作战。一连数次，陈军也对此都麻木了。渡江前夕，隋军又派出大批间谍对陈国进行骚扰和破坏，搅得陈国军民不得安宁。

公元 588 年 10 月，隋文帝认为取胜的条件已经完全成熟，指挥水陆军五十多万人，从长江上、中、下游分八路攻陈，一路上攻无不克，战无不胜。第二年的正月 20 日，隋军攻入陈都建康，陈后主成了俘虏，陈国就此灭亡。

不可胜者，守也；可胜者，攻也。守则不足，攻则有余。善守者，藏于九地之下；善攻者，动于九天之上，故能自保而全胜也。

注释 不可胜者，守也：汉简本作「不可胜，守」，《御览》卷三一七所引作「不可胜则守也」。对于该句理解，各家分歧较大。吴九龙主编的《孙子校释》说：「张预注云：『知己未可以胜，则守其气而待之。』其它各家注略同。按：此亦未通，唯上言『先为不可胜』、『不可胜在己』与『能为不可胜』三句之『不可胜』，皆指我不可被敌战胜之条件，而张预注此句之『不可胜』，却指我不可胜敌；同节之内，『不可胜』同文而异解，似觉不妥。故此所言当是使敌不可胜我，这是属于我方防守方面的事情。曹操注：『藏形也。』其说可从。」杨炳安《〈孙子〉会笺》中的看法大体与此相同。周亨祥《孙子全译》则认为：「不可胜者，守也：有了不可战胜的条件，就可以守了。这时才守之必固。言下之意，未做到『不可胜』还不能『守』，更毋言『攻』，攻之前要『先为不可胜』。此句《新注》作『当我不可能战胜敌人时，应进行防守。』改变了『不可胜』的概念内涵。」另外，《武经七书注译》认为该句应理解为：「不会被敌人战胜的原因是做好了防守的准备。」吴如嵩《浅说》中说：「不被敌人战胜，就要采取防御。」郭化若《孙子今译》则说：「使敌不能胜我，这是属于防守方面

的事。」相较诸说，当以《孙子校释》和《〈孙子〉会笺》中的解释较接近原意，但将「守」理解为「防守」似乎也有不妥。守，这里应当为藏形以待的意思，即曹操所说的「藏形也」。《国语·越语下》：「蠡闻之，上帝不考，时反是守，强索者不祥。」韦昭注：「言天未成越，当守天时，天时反，乃可以动。」《史记·乐书》：「今夫古乐，进旅而退旅，和正以广，弦匏笙簧合守拊鼓，始奏以文，止乱以武，治乱以相，讯疾以雅。」张守节正义：「守，待也。」唐皮日休《旅舍除夜》诗：「永夜谁能守，羁心不放眠。」《资治通鉴·宋文帝元嘉三十年》：「淑徐起，至车后，劭使登车，又辞不上，劭命左右杀之。守门开，从万福门入。」胡三省注：「停留以候门开曰守。」《二刻拍案惊奇》卷二六：「此地去不得，住在会城，守几时，别受些差委罢。」「不可胜者，守也。」意思是说，如果我方具有了战胜敌人的条件，就要藏形以待，不要轻易暴露，当敌人出现虚隙的时候，趁机一举打败敌人。

可胜者，攻也：汉简本作「可胜，攻也」，《御览》卷三一七所引作「可胜则攻」。意思是当敌方可以被我方战胜的条件具备之后，就要发起进攻，争得胜利。杜牧曰：「敌人有可胜之形，则当出而攻之。」

守则不足，攻则有余：十一家注本和武经本均为「守则不足，攻则有余」。曹操注也说：「吾所以守者，力不足；所以攻者，力有余。」可见也认为该句应为「守则不足，攻则有余」。而汉简本则为「守则有余，攻则不足」，现代各注家中，采前说者有之，采后说者有之，两说并存者亦有之。《孙子校释》和《孙子全译》认为汉简本为善或应从汉简本。《孙子校释》说：「十一家注本。武经本作『守则不足，攻则有余。』各本皆同。但汉人言兵法者多言攻不足守有余。《汉书·赵充国传》：『臣闻兵法，攻不足者守有余。』《后汉书·冯异传》：『夫攻者不足，守者有余。』文义皆与简本相近。」《孙子全译》除了举了《赵充国传》和《冯异传》作例证外，又说：「……又《潜夫论·救边》：『攻常不足而守

恒有余也。」又明茅元仪《武备志》：「约束已定，兼备已具，随其所攻，应之裕如。以此待敌，所谓有余于守也。先哲成法不可废矣。」循孙子上下文意，「先为不可胜」、「不可胜者，守也」，「守」几为「不可胜」的同义语，「不可胜」是「攻」的我方前提条件，只有在不可战胜，力有裕如的情况下，方能待敌一出现「可胜」之隙便立即进攻。「不可胜在己，可胜在敌」，一个针对自己的条件讲，一个针对敌方条件讲，换言之，守在己，攻在敌。故以「守则有余，攻则不足」为善。本句意谓：守，应做到不可战胜，力有裕余，攻，要针对敌方不足，举兵必克。』也有人认为应当从传本之说。李零《孙子兵法注译》认为：『「守则」二句：强调易守难攻。』并将此二句译为：『取守势是因为力量不足，取攻势是因为力量有余。』郭化若则对否定传本的做法直接提出了批驳，说：『《新笺》作者断定，「守则有余，攻则不足。」这乃孙子原文。这真是「不察本旨」了，《新笺》作者何不作一切合战争实践的说明？！』另外，还有一些注家两说并存，不置可否，《〈孙子〉会笺》中就采取了这种处理方式。《会笺》中说：『「守则不足，攻则有余」：各本皆如此。于鬯虽谓应作「守者，不足也；攻者，有余也」，然文意则无不同。曹操及其它各家皆谓守乃指我致胜之条件未足，攻乃指我制胜之条件有余。唯汉简作「守则有余，攻则不足」，「有余」与「不足」互倒。查《汉书·赵充国传》作「攻不足者，守有余」；《后汉书·冯异传》作「攻者不足，守者有余」；《潜夫论·救边》作「攻常不足，而守恒有余」，盖孙子故书汉时或即如此。然《后汉书·皇甫嵩传》则又有「彼守不足，我攻有余」之语，李贤注云：「孙子之文。」而曹注此句曰：「吾所以守者，力不足也；所以攻者，力有余也」，亦以守不足与攻有余立论。如此纷纭，究竟哪是孙子本文，殊难贸然判定。或其原文如汉简与赵充国传所引，作「攻则不足，守则有余」，后因立论角度不同，以致文字产生歧异；曹注所据并非正本，故传本与汉简有异。如依汉简，则此句当解为：唯其加强守御，不可被敌战胜之条件方可充分造成；而我采取攻势，则因敌人可能胜我之条件未足；或以「有余」、「不足」皆指敌情，「守」、「攻」乃指我方所应采取之策略原则，即言敌若「有余」，我则守之，敌若不足，我则攻之。据赵充国传与冯异传观之，其义或本如此，故并存之。』因传本及各家古注并无逻辑不通之处，本书诸说并存，仍依传本。

善守者，藏于九地之下：汉简本作『昔善守者，藏九地之下』，《通典》卷一五二所引作：『故善守者，藏于九地之下』。九地之下，形容隐藏极深。九，并非实指，而是指极多。清汪中《述学·释三九上》：『凡一二之所不能尽者，则约之以三，以见其多；三之所不能尽者，则约之以九，以见其极多。』又云：『三者，数之成也，积而至十，则复归于一；十不可以为数，故九者，数之终也。』另，《水经注·河水一》：『昆仑，九流分逝。』明高启《京师同宿左掖朱尝约至江上见访》诗：『还乡何事翻离阻，春树暮云隔九峰。』

善攻者，动于九天之上：汉简本无『善攻者』三字。九天之上，指极高之处，喻疾不可挡。九天：指天空最高处。梅尧臣曰：『九地言深不可知，九天言高不可测，盖守备密而攻取迅也。』张预曰：『藏于九地之下，喻幽而不可知也，动于九天之上，喻来而不可备也。』李白《望庐山瀑布》诗之二：『飞流直下三千尺，疑是银河落九天。』明宋濂《文原》：『九天之属，其高不可窥；八柱之列，其厚不可测。』毛泽东《水调歌头·重上井冈山》词也有：『可上九天揽月，可下五洋捉鳖。』保：保全。

译文

如果我方具有了战胜敌人的条件，就要藏形以待，不要轻易暴露，当敌人出现可以战胜的虚隙，就要发起向敌人的进攻。藏形不露是由于我方取胜条件不足，发起进攻是因为我方制胜条件有余。善于藏形的部队，就像藏在极深的地下而不暴露任何形迹；善于进攻的部队，就像从天而降令敌防不胜防。这样，就能够保全自己而获得全胜。

评点

『善守者，藏于九地之下；善攻者，动于九天之上』讲的其实就是一种自保而求全胜的法则，自古多为兵家所借鉴。明朝后期，东北地区的少数民族女真在其首领努尔哈赤的统领下，实力日益增强，不断骚扰明朝的边境。努尔哈赤看到明王朝统治日益腐朽，边防日益废弛，一再向明发动进攻，并一直攻到山海关。明朝官员在退守关内还是在关外设防两种观点上犹豫不下，悬而未决。这时，兵部职方主事袁崇焕主动请缨。朝廷于是就派他到山海关去组织防御，抵御努尔哈赤的进攻。

袁崇焕到任后，经过详细了解分析，决定在山海关外八里设重关，采取坚守关外、保卫关内的方针。但此举遭到朝廷中一些人的反对，没有能够完全执行下去。因此袁崇焕不得不撤除关外大部分防御，而只留下宁远作为最后一道防线。努尔哈赤听说朝廷换了山海关的主帅，并且撤除了关外的大部驻军，满心欢喜，认为灭明的机会到了。1626年1月14日，他带领13万清兵，号称20万，浩浩荡荡杀奔山海关而来。当时，关外宁远的守军只有一万多人，如果不能采取恰当的策略，则守城将士将难免与宁远同归于尽的命运。于是，袁崇焕把自己的兵力深深地隐藏于城内，不让士兵出城迎敌，以免被努尔哈赤知道宁远城内兵力的底细。同时，他采取坚壁清野的方法，让城外的百姓携带防守器具，迁入城内，并放火烧掉城外所有民房。为鼓舞士气，袁崇焕又刺血为书，表示自己与宁远共存亡。在他的带领下，全城军民上下齐心，同仇敌忾，誓死保卫宁远。清兵来攻城的第一天，袁崇焕命令城中官兵只许在城墙上还击，不得出城作战。第二天，努尔哈赤调整队伍，加强攻势，选拔高大强壮的士兵披着铁甲，顶着盾牌，在十几个不同的位置分别进攻宁远。袁崇焕指挥士兵沉着镇定，等清兵快到城下时，一声令下，城上将士一齐开炮，打得攻城清兵死伤大半，阵脚大乱，努尔哈赤也受重伤。由于惧怕袁崇焕采取其它计策，努尔哈赤下令撤军。袁崇焕趁机率领明军将士杀出城去，一直追杀清兵30里，歼灭清兵万余人，然后

得胜回城。

袁崇焕之所以没有在敌我力量悬殊的情况下被清兵击败反而打了胜仗，主要是因为他在敌强我弱的情况下，不轻易暴露自己的兵力，把所有将士深深地隐藏在城内，让清兵不知底细。当清兵撤退阵脚大乱时，他又抓住机会，让全城将士倾城而出，像神兵天降一样，狠狠地打击清兵。

20世纪50年代，在抗美援朝的战场上，中国人民志愿军也采取过这种『自保而全胜』的用兵之法。在朝鲜战争中，以美国为首的联合国部队有着中国人民志愿军和朝鲜人民军所不可比拟的强大的装备优势，南韩李承晚的部队在美军的指导和装备下，战斗力亦十分可观。而中朝军队在初期重武器几乎没有，对付敌人的空中优势的武器只有一个团的36门高炮。因此，对付敌强大的空军和装甲兵的优势，中朝军队处于明显的劣势。经过一段时间的观察和分析后，志愿军采取了『善守者，藏于九地之下；善攻者，动于九天之上』的策略，构筑地下工事，把军队深深地隐藏在地下，并且把地下工事全部连接起来，构成一个坚固的地下长城，不让敌人知道我们究竟有多少人，都在哪里。等敌人步兵攻上来之后，我们的部队突然冒出地面，狠狠地打击敌人的有生力量。利用地下工事对付敌坦克也是行之有效的办法。我爆破兵利用地下工事的掩护，躲过敌人坦克的视角、射角，像天兵一样突然出现在敌坦克左右或后侧，打死坦克内敌人或炸毁敌坦克。对这种防守方法，毛泽东在1952年8月评价说：『能不能守，办法就是钻洞子。我们挖两层工事，敌人攻上来，我们就钻地道。有时敌人占领了上面，但下面还是属于我们的。等敌人进入阵地，我们就反攻，给他极大杀伤。』同时，中国人民志愿军多采用夜战的方法，利用夜暗的掩护偷偷接敌，不让敌人知道我们的战役部署，神不知鬼不觉地对敌实行攻击，打得敌人晕头转向。

见胜不过众人之所知，非善之善者也；战胜而天下曰善，非善之善者也。故举秋毫不为多力，见日月不为明目，闻雷霆不为聪耳。

注释

见：知，预料，预见。《淮南子·修务训》：『今使六子者易事，而明弗能见者何？』高诱注：『见，犹知也。』《三国志·魏志·武帝纪》『进乃召董卓』，裴松之注引晋王沈《魏书》：『欲尽诛之，事必宣露，吾见其败也。』众人：一般人。《孟子·告子下》：『君子之所为，众人固不识也。』南朝宋谢灵运《石门新营所住》诗：『匪为众人说，冀与智者论。』唐元稹《酬乐天赴江州路上见寄》诗之三：『人亦有相爱，我尔殊众人。』明陈继儒《珍珠船》卷四：『真人之心，若珠在渊；众人之心，若瓢在水。』清唐甄《潜书·虚受》：『傲者，人之恒疾，岂惟众人，圣贤亦惧不免。』

非善之善者也：汉简本作『非善者也』，《御览》卷三二二所引作『非善之善者也』。下句『非善之善者也』均同。天下：指天下人。秋毫：鸟兽在秋天新长出来的细毛，喻细微之物。《商君书·错法》：『夫离朱见秋豪百步之外，而不能以明目易人。』《孟子·梁惠王上》：『明足以察秋毫之末。』晋葛洪《抱朴子·自叙》：『秋毫之赠不入于门，纸笔之用皆出私财。』宋王安石《收盐》诗：『一民之生重天下，君子忍与争秋豪。』清唐孙华《时世公子行》：『呼卢博簺穷昼夜，百万一掷同秋毫。』

见：汉简本作『视』。看见，看到。《易·艮》：『行其庭，不见其人。』《礼记·大学》：『心不在焉，视而不见，听而不闻。』雷霆：震雷，霹雳，喻极大的声音。聪：听觉灵敏。《礼记·杂记下》：『视不明，听不聪，行不正，不知哀，君子病之。』《孟子·离娄上》：『师旷之聪，不以六律，不能正五音。』《荀子·劝学》：『目不两视而明，耳不两听而聪。』《元和圣德诗》：『皇帝神圣，通达古今，听聪视明，一似尧禹。』清钱泳《履园丛话·梦幻·自矜埋葬》：『秀才因于灶神前具疏，自道其平生虽无大阴德，然掩骼一事，当亦可挽回造化，何神听之不聪也。』

译文

预见胜利而不能超过平常人所知的范围，不能说是高明中最高明的；通过力战而取得的胜利，即使天下人都说好，也不是高明中最高明的。能举起如同秋毫一样细微的东西，不能算作力大无穷；能看得见太阳和月亮的光芒，不能算作视觉敏锐；能听得见如同霹雳一般的声音，也不能算作听力灵敏。

评点

成功固然需要主观努力，但也需要看对手的实力状况，如果在对手力量很强大无法马上取得胜利的时候，就应该先藏形匿迹，等待时机成熟。但是审时度势，恰当地把握时机，也不是每个人都能做到的。孙子在这里提出的这条制胜原则，不但在军事领域是一条不能不遵循的必然规律，在政治斗争、商业竞争和社会生活的其它领域，对于人们的决策和行动也具有重要的指导作用。

西汉初年，汉惠帝死后，发丧时，吕后虽然哭声动天，却没有一滴眼泪。张良的儿子张辟强发觉后，对丞相说：『太后只有这一个儿子，现在去世了，太后虽然哭，却不显得悲伤，您知道为什么吗？』

丞相问：『你知道为什么吗？』

张辟强说：『皇帝没有年龄大的儿子了，太后担心你们这些大臣。现在你们应当请太后拜吕产、吕召、吕禄为将军，统帅京城禁军的南北军。吕氏子弟都入宫，掌握了重权，这样太后才能安心，大臣们才能免祸。』

丞相照他的话做了，吕后才放声痛哭起来。

吕后掌握朝中大权，又想封诸吕为王，就找大臣们商议。右丞相王陵为人正直，敢于直言，当吕后征求他的意见时，他坚决反对，说：『高祖当初曾经宰白马，和大臣歃血立盟，说「非刘氏而王，天下共击之。」现在封诸吕氏子弟为王，是违

背盟约的。』

吕后听了很不高兴，又问左丞相陈平和绛侯周勃。

周勃说：『高帝平定天下，封自己的子弟为王，如今太后执掌朝政，也封自己的弟兄为王，没有什么不可以的。』

太后大喜。退朝回宫。

太后走后，王陵责备陈平、周勃说：『当初与高帝歃血为盟，你们难道不在吗？现在高帝去世了，太后要封诸吕为王，你们如此阿谀奉迎，违背盟约，还有什么面目见高帝于地下呢？』

陈平、周勃说：『现在敢于在朝廷据理力争，我们不如你，至于保住刘氏的宗庙社稷，维护刘氏的天下，你不如我们。』

后来，果然是陈平、周勃铲除了吕姓的势力，恢复了汉室江山。

陈平、周勃在生死关头时，采取『留得青山在，不怕没柴烧』的立场，是识时务的。他们这样做，实际是在形势紧急的情况下，先把自己的意图隐藏起来，待时机成熟时，再相机而动。冲冠一怒固然能显示一个人的豪气，但随机应变、等待时机有时候却更难做到。只有选择好恰当的时机，才能立于不败之地。

公元前204年，韩信、张耳等人率数万汉军，在取得了灭魏、攻代的胜利后，又挥军东向，越过太行山，进攻赵国。赵王歇与主将陈余率军二十万据守井陉口。当时，赵军的兵力为汉军的数倍，且占据着有利的地势，在韩信率军攻来时，便准备迎击。

赵军的谋士李左车向陈余献计说：『韩信、张耳率军远道而来，一路上所向披靡，打了许多胜仗，士气锐不可挡。我们应当深沟高垒，固守不战，以消磨他们的士气。同时，出奇兵偷袭他们的后方，断其粮道，使韩信进退两难。』而陈余却认为，韩信兵少，而且是疲惫之师，不应避而不战，拒绝了李左车的正确意见。

韩信得知陈余没有采纳李左车的意见，十分高兴，命令大军迅速向井陉口前进，并派两路骑兵从侧面埋伏下来，伺机袭击赵军的营寨。在赵军正面，韩信则以一万大军渡过绵蔓水，在河的东岸背水列阵。

赵军出动后，韩信指挥汉军佯装败退。陈余等人认为，韩信背水列阵，犯了兵家之大忌，不战而退，更表现了他不会用兵，于是下令追击汉军。这时，汉军的两路伏兵乘虚直捣赵营，拔掉赵旗，换上汉帜。赵军攻击背水作战的汉军，打了很长时间也没有分出胜负，回头看时，忽然发现自己营垒中飘起了汉军旗帜，顿时军心大乱。退至水边的汉军乘势奋起反击，使赵军处于腹背受敌的困境之中。双方经过一场激战，赵军主将陈余战死，赵王歇作了俘虏，赵国的二十万大军被汉军打得一败涂地。

井陉口破赵之战中，双方的主将一个不能审时度势，采取恰当的策略，结果一败涂地，另一方则不拘泥于常法，善于从实际出发，取得了战争的胜利。因此可见，先天的条件再好，如果不能根据形势采取适当的措施，照样不能取得成功和胜利。

在人生道路的选择上，聪明的人善于审时度势，经常体现在对事情的取舍与进退上。姜子牙和屈原都是我国历史上很有才华的人物，虽然后世对两个人的评价都很高，但他们的人生结果却截然不同，最根本的原因就是他们两人一个能够审时度势，一个不能审时度势。

姜子牙早年很贫困，曾经在朝歌杀过牛，在孟津卖过饭，后来又垂钓于渭水之滨。有一次周文王去打猎，临行前占了一卦，卦辞上说：『此行的收获非龙非螭，非虎非罴；得到的将是辅佐霸王的贤才。』周文王果然在渭水北边遇到了正在垂钓的姜子牙。经过和他交谈，周文王非常高兴，说：『我的先君太公曾经说过：「当有圣人到周国来的时候，周国会因此而兴盛。」您就是他所说的圣人吧？我的太公期望您已经很久了。』文王与姜子牙一起乘车而归。姜子牙遇到文王，佐周立国，奠定了

周朝八百年的基业。民间有句俗语，『姜太公钓鱼——愿者上钩』，就是来源于姜子牙借钓隐志、静候时机的处世态度。

屈原学识渊博，不但有治国的韬略，而且有出色的口才，因而得到了楚怀王的重用，担任左徒官职，兼管楚国的内政和外交。但是，楚怀王毕竟只是一介平庸无能之辈，听信了上官大夫及公子子兰等奸佞小人谗言，将屈原流放。后来，秦国发兵攻楚，两国大动干戈，楚怀王虽然将屈原召回，但仍没有听从屈原的劝谏，结果最后客死于秦。顷襄王即位后，依然重用上官大夫和子兰等人，整个国家被搞得一团糟。屈原第二次遭到流放。当他听到楚都被攻破后，无限悲伤，投汨罗江而死。

无疑，屈原这种忠于国家的精神是值得颂扬的，但是，他应该清楚地看到他所忠心事奉的是怎样的一个君主，楚国是怎样的一种状况，战国时期曾经有过他这种遭遇的人很多，但有好多因能相机因时，成就了大业。虽然我们不提倡明哲保身，但也应当动于当动之时，死得当死之所，不要做无谓的牺牲品。正如商朝末年，微子虽然没有为纣王死节，却仍同比干一样，成为殷的『三仁人』之一。

因此，无论做什么事情，审时度势待机而发都是成功的一个关键。对于现代人来说，审时度势主要包含下面几层含义：在做与不做上，正如孔子所说，天下有道则现，无道则隐，要能够根据形势决定取舍，不做无谓的努力和牺牲；在做的时机上，要能够把握住机会，既不要让机遇白白地溜走，也不要明知不可为而为之，徒劳无功；在做的方法上，要善于根据客观形势的变化，及时调整做事的方法和重点，决不可生搬硬套，死守教条，而不知灵活变通。

古之所谓善战者，胜于易胜者也。故善战者之胜也，无智名，无勇功，故其战胜不忒。不忒者，其所措必胜，胜已败者也。

注释

古之所谓善战者，胜于易胜者也：汉简本作『所谓善者，胜易胜者也』，《御览》卷三二二所引作『古之所谓善战者胜，胜易胜者也』。故善战者之胜也：汉简本作『故善者之战』，《御览》卷三二二所引作『故善战者之所胜也』。

无智名，无勇功：汉简本其上有『无奇胜』三字。《御览》卷三二二所引『功』作『攻』。曹操注曰：『敌兵形未成，胜之无赫赫之功也。』李筌曰：『胜敌而天下不知，何智名之有？』杜牧注曰：『胜于未萌，天下不知，故无智名；曾不血刃，敌国已服，故无勇功也。』梅尧臣注曰：『大智不彰，大功不扬，见微胜易。何勇何智？』何氏注曰：『患销未形，人谁称智？不战而服人，人谁言勇？汉之子房、唐之裴度能之。』张预注曰：『阴谋潜运，取胜于无形，天下不闻料敌制胜之智，不见搴旗斩将之功。若留侯未尝有战斗功是也。』皆得之。

其战胜不忒：汉简本作『其胜不贷』。忒：差错。杜牧注：『忒，差忒也。』张预注曰：『力战而求胜，胜虽善者，亦有败时。既见于未形，察于未成，百战百胜而无一差忒矣。』另，《易·豫》：『故日月不过，而四时不忒。』郑玄注：『忒，差也。』《明史·天文志一》：『县象在天，制器在人，测验推步，靡忒毫分。』李筌认为『忒』应为『贰』，『百战百胜，有何疑贰也。此筌以忒字为贰也。』存之。其所措必胜：平津馆本、武经本、樱田本作『其所措胜』，汉简本『措』作『错』，古通。措：置。《论语·子路》：『刑罚不中，则民无所措手足。』汉桓宽《盐铁论·世务》：『是犹措重寶于道路而莫之守也。』这里指措施。

译文

古时候所谓善于用兵的人，总是战胜那些容易被战胜的敌人。所以善于用兵的人，没有智慧的名声，没有勇武的功绩，而他们的胜利不会有任何闪失。之所以不会有闪失，是因为他们的措施建立在必胜的基础之上，是战胜了那些注定了已经失败的敌人。

评点 在这里，孙子提出了『胜于易胜』的战略思想。所谓『胜于易胜』，就是战胜那些容易被战胜的敌人，在实际的战争中，如何才能做到这一点呢？除了加强自己的准备和实力，形成总体力量对比上的优势之外，另一条途径，就是以己之长，攻敌之短，创造条件，发现敌人最弱、最容易战胜的一面。

1946年11月，国民党军在占领淮南、淮北地区后，企图一举消灭华东解放军主力，或迫其北撤山东，迅速结束苏北战事。因此，徐州绥靖公署主任薛岳指挥25个半旅，分四路自东台、淮阴、宿迁、峄县向盐城、阜宁、涟水、沭阳及新安镇（今新沂）、临沂进攻。这时候，华中野战军主力已经由苏中转移到了苏北地区，并与山东野战军互为犄角。敌军来势汹汹，单从兵力对比来看，敌军显然处于优势地位。但它有弱点，山东野战军司令员兼政委陈毅和华中野战军司令员粟裕、政委谭震林分析后认为，国民党军最大的弱点是进攻面过宽，四路进攻正面宽达150公里，间隙甚大，很难互相策应支持，同时，国民党军队内部派系矛盾较多，战役上协同配合不力，这一弱点有利于我军在内线实行机动应战，有利于我军各个歼灭敌人。另一方面，由宿迁进犯的一路此前未受打击，可能会大胆冒进，对苏北解放区的威胁也最大；同时山东、华中野战军主力的待机位置恰处此路国民党军进攻方向的两侧，便于就近调动兵力之机，决定以一部兵力箝制其它3路，集中主力第1、第2、第9纵队和第7、第8师等部共24个团的兵力，求歼由宿迁进攻之国民党军。打由宿迁进攻之敌这一大的战略方针制定之后，陈毅，粟裕经过分析又认为：从宿迁进攻沭阳、新安镇的这一路敌军，由徐州绥署副主任吴奇伟指挥，辖整编师第11师和第69师。而这一路中，11师是蒋军的『五大主力』之一，实力较强，而69师突出冒进，所辖3个半旅也是拼凑起来的，战斗力不强，内部矛盾亦多，该师师长戴之奇是特务出身，缺乏军事指挥才能，在战役部署上，他的3个半旅在东西一线展开，师部只带一个团，位于最右翼，翼侧暴露，便于我南北对进，首先从敌之左翼打开缺口，而后实行两面夹击。经过战略合围和战术分割

使敌首尾不能相顾，无法互相支持。因此陈毅、粟裕决定，为了确保胜利，先集中兵力打戴之奇的整编69师这个『弱』敌。

12月13日，宿迁地区国民党军分两路出发：69师为左翼，向新安镇进攻；11师为右翼，向沭阳进攻。14日，69师师部率第92旅一部进至人和圩，其它各旅分别进至晓店子、罗庄、苗庄地区；11师进至曹家集。解放军以第2纵队协同第1纵队一部对整11师进行阻击，集中主力首歼分散、较弱的69师。15日黄昏，由陇海路北兼程南下的第1纵队和第8师，向正沿宿新公路（宿迁至新安镇）开进的69师侧翼暴露的预备第3旅突然发起攻击，歼其一部。第8师攻占烽山，控制了全战场的制高点。第1纵队一部南下插入整11师师部所在地曹家集，歼其工兵营和骑兵营大部。第9纵队和第7师占领嶂山镇以北、以东地区。16日，69师为挽救不利态势，令预备第3旅及第60旅连续向烽山阵地反扑，均被第8师击退。与此同时，第1纵队一部由西北向整69师侧后猛插；第2纵队在第9纵队一部配合下，击退11师先头部队，由东向西穿插，切断了69师与11师的联系，在完成对69师的战役包围的同时，构成对11师的阻击正面。17日，第8师经激战全歼预备第3旅于晓店子地区。第1、第2、第9纵队及第9师等部，将69师师部和第41、第60旅分割围歼于人和圩、苗庄、罗庄等地。同时，打退了11师的多次增援。战至19日，全歼69师师部和3个半旅共约2万余人，戴之奇无路可走，自杀身亡。

此战是山东和华中野战军会师后的第一个歼灭国民党军一个整师的战役，也开创了全面内战爆发以来我军一次歼敌一个整师的范例，初步取得了大兵团协同作战的经验，对尔后华东战局的发展有重要影响。

故善战者，立于不败之地，而不失敌之败也。是故胜兵先胜而后求战，败兵先战而后求胜。

【注释】立于不败之地：《御览》卷三二二所引作『立于不败之地』。立：立足。《易·恒》：『君子以立易方。』孔颖达疏：『君子立身得其恒久之道，故不改易其方。方犹道也。』《晏子春秋·谏上二》：『群臣以力为政，强者犯弱，而日易主，君将安立矣。』《史记·仲尼弟子列传》：『夫上骄则恣，臣骄则争，是君上与主有却，下与大臣交争也。如此，则君之立于齐危矣。』地：地方，境地。《管子·八观》：『明君者，闭其门，塞其涂，弇其迹，使民毋由接于淫非之地。』汉王充《论衡·言毒》：『太阳之地，人民促急。』李白《关山月》诗：『由来征战地，不见有人还。』李筌、陈皞将『地』理解为地形、地势之『地』，说：『兵得地者昌，失地者亡。地者，要害之地。秦军败赵，先据北山者胜；守师伐燕，过大岘而胜。皆得其地也。』非也。杜佑、杜牧注曰：『不败之地者，为不可为之计，使敌人必不能败我也。』得之。

不失敌之败也：杜佑、杜牧注曰：『窥伺敌人可败之形，不失毫发也。』

是故胜兵先胜而后求战：《御览》卷三二二所引作『故胜兵先胜而后求战』，卷三一三所引『胜兵』有作『胜者之兵』。

先胜：即先为不可胜，先创造不可被战胜的条件。

败兵：《御览》卷三一三所引作『败者之兵』。关于『胜兵』与『败兵』，曹操曰：『有谋与无虑也。』李筌曰：『计与不计也。是以薛公知黥布之必败，田丰知魏武之必胜，是其义也。』

【译文】所以善于打仗的人，总是先让自己处于不被战胜的境地，而不会放过任何击败敌人的机会。所以打胜仗的部队是在创造了胜利条件之后才展开军事行动，而打败仗的部队往往是先投入战斗再试图寻求胜利的条件。

【评点】孙子在这里所揭示的，其实就是『先谋后事者昌』的规律，不论做任何事情都要做好充分的准备，这一点无论对于军事作战，还是社会生活的其它领域，都有着重要的指导意义。能够遵照这一规律行事的，就容易取得胜利，而违背这

一规律的，则难免失败的命运。

无论做任何事情，事先都要有精密的计划或谋划，根据分析和判断，预测可能会出现的各种结果，并相应地采取应对措施。尤其是在激烈竞争或情况复杂的情形下，事先的分析和谋划显得更为重要，必须根据各方面的力量对比，制定适宜的措施，采取不同的方法。否则，莽撞从事，一味蛮干，肯定不会有好结果。

苏秦是战国时期纵横家最著名的一位代表人物。从年轻时起，苏秦就周游列国，推行他的战略。

刚开始，苏秦到了秦国。他游说秦惠王说：『秦国西面有巴、蜀、汉中等地的富饶物产，北方有少数民族地区的贵重兽皮与良马，南边有巫山、黔中作为屏障，东方有崤山、函谷关这样坚固的要塞。土地肥沃，民殷国富，战车万辆，壮士百万，地势险要，能攻易守。这些都是难得的优势，秦国因而真正有雄霸天下的实力。凭着大王您的雄才大略和如此丰富的物质资源，完全有能力吞并其它诸侯，一统天下。如果您有这个打算，请允许我陈述一下自己的方略。』

秦惠王说：『我常听人说：羽毛不够丰满的鸟儿不可以高飞，法令不完备的国家不可以奖惩刑罚，道德不崇高的君主不可以统治万民，政策教化不顺应天意的君主不可以号令大臣。如今先生不远千里来到我秦国指教，我内心非常感激，不过至于军国大计，还是将来再说吧！』

苏秦说：『我本来就怀疑大王能否听取我的意见。以前的历代先王和诸侯，要想称霸天下，哪有不经过战争就达到目的的？什么事如果不顾根本而专门讲求文辞末节，天下就越发无法太平。即使说客的舌头说焦了，听的人耳朵听聋了，也不会有什么成效；做事即使讲义气守信用，也没办法使天下和平安乐。因此，只有废除文治而使用武力，召集并且礼遇敢死之士，制作甲胄，磨光刀枪，然后到战场上去争胜负。没有行动却想使国家富强，安居不动却要使国土扩大，即使是古代的三王、五

霸和明主贤君，想不用刀兵而获得这些，也是无法实现的。所以，只有用战争才能达成国家富强的目的。军队如果能在外取胜，国内民众的义气就会高涨，君王的威权就会增强，人民会自然地服从统治。现在假如想要并吞天下，号令诸侯，实在是非用武力不行。』

苏秦游说秦王的奏章，虽然一连上了10多次，但他的建议始终没被秦王采纳。以致在秦国待到黑貂皮袄也破了，所带的盘缠也用完了，最后甚至连房费都交不起了，只好离开秦国回到洛阳。

苏秦到家的时候，打着裹腿，穿着草鞋，背着一些破书，挑着自己的行囊，形容枯槁，神情憔悴，面孔又黄又黑，狼狈之极。他回到家里以后，正在织布的妻子没有答理他，嫂子也不肯给他做饭，甚至父母也不跟他说话，他只有一人深深地叹息。

当晚，苏秦就从书箱里面找出书来，结合自己失败的教训，一边反思一边苦读。他趴在桌子上发奋钻研，选择其中重要的部分加以熟读，而且一边读一边揣摩演练。当他读书读到疲倦要打瞌睡的时候，就用锥子刺自己的大腿，鲜血一直流到自己的脚上。他还自我鞭策道：『哪有游说人主而不能让他们掏出金玉锦绣，得到卿相尊位的呢？』这就是历史上著名的『锥刺骨』的典故。

过了一年，苏秦觉得研究和演练成功了，就再一次离开家门。

这一次，苏秦先到了赵国。他对赵王滔滔不绝地说出合纵的战略和策略，赵王听了大喜过望，立刻封他为武安君，并授给他相印，兵车100辆，锦绣1000束，白璧100双，金币20万两，让他到各国去约定合纵，拆散连横，以此压制强秦。因此，当苏秦在赵国为相的时候，秦国不敢出兵函谷关。在当时，天下的百姓、威武的诸侯、掌权的谋臣，都要听苏秦一人来决定一切政策。没消费一斗军粮，没征用一个兵卒，没派遣一员大将，没有用坏一把弓，没损失一支箭，就使天下诸侯和睦相处。

善用兵者，修道而保法，故能为胜败之政。

注释

善用兵者：汉简本作『故善者』。

修道而保法：『道』和『法』即《计篇》『五事』中的『道』与『法』，指政治和法度。曹操注曰：『善用兵者，先修治为不可胜之道，保法度不失敌之败乱也。』李筌注曰：『以顺讨逆，不伐无罪之国，军至无虏掠，不伐树木、污井灶，所过山川、城社、陵祠，必涤而除之，不习亡国之事，谓之道法也。军严肃，有死无犯，赏罚信义立，将若此者，能胜敌之败政也。』杜牧注曰：『道者，仁义也；法者，曲制也。善用兵者，先修理仁义保守法制，自为不可胜之政，伺敌有可败之隙，则攻能胜之。』贾林注曰：『常修用兵之胜道，保赏罚之法度，如此则当为胜，不能则败。故曰胜败之政也。』梅尧臣注曰：『攻守自修，法令自保，在我而已。』张预曰：『修治为战之道，保守制敌之法，故能必胜。或曰先修饰道义以和其众，后保守法令以戢其下，使民爱而畏之，然后能为胜败。』皆得其要义。而王皙注曰：『法者，下之五事也。』则欠妥。

故能为胜败之政：汉简本作『能为胜败正』。《〈孙子〉会笺》认为『正』即为『政』，训为『主』。『「胜败之政」：汉简作「胜败正」，释文注引《管子·水地》「为祸福正」与《老子》「清静为天下正」，谓「正」为「最高的权威」之意。按古多假「正」为「政」，《汉书·陆贾传》「秦失其正」，即云「秦失其政」。故此「正」当即「政」；「之」字或为后人所增。「政」在此当训「主」。《吕氏春秋·君守》「可以为天下政」，即言可以为天下主。《左传》宣公二年「畴昔之羊，子为政；今日之事，我为政」，亦「主」义。故「胜败之政」，即言胜败之主，实指胜败之决定权。「能为胜败

之政」，即言能操胜利之左券。李注：「胜敌之败政」，殆不明古训而附会之也。」《孙子校释》则认为应汉简本作「故能为胜败之正」，并认为「疑后人误读「胜败正」之「正」为「政」，又于「政」上臆加「之」字。」较之前说，认为「政」为「正」之误，则失之武断。另，《御览》卷三二二所引「败」作「攻」。

译文 善于用兵的人，注重修明政治和保守法度，所以就能够掌握胜利的决定权。

评点 所谓「修道而保法」，就是要修明政治，使政治清明，上下一心，保守法度，使军队制度严明，进退一致。这两点都是军队克敌制胜，立于不败之地的重要保障。

「修道」，主要目的就是为了使国家内部统治者和普通民众之间，军队里将帅和士卒之间协调一致、同心协力，建立起一种和谐的关系，为了共同的目标而努力。为了实现这一目的，就需要统治者体恤下属，为下属着想，这样下属才能死心塌地听从指挥。《史记·孙武吴起列传》中记载了一段关于吴起爱兵如子的小故事。吴起在魏国当将军的时候，十分体贴士兵，经常与条件最艰苦的士兵吃一样的饭、穿一样的衣，行军的时候也不骑马，而是亲自背负着军粮，以此来分担普通士兵的劳苦。有一次，吴起在巡营的时候发现，一个士卒身上生了毒疮，而且已经溃烂化脓。他不但十分关心地对这个生病的士兵问寒问暖，而且亲自蹲下来，用嘴为那位士兵吸吮伤口，以吸出其中积聚的脓液。那位士兵见大将军竟然如此对待自己，感动得热泪盈眶。其他士兵们看了，也深受感动。别人把这个故事讲给了那位士兵的母亲听。士兵的母亲听说了这件事后，却伤心地大哭起来。别人对她说：「你的儿子只是一个普通的士卒，大将军能为他亲自吸吮毒疮以疗伤。你看，将军对你儿子那么好，你应该高兴才对呀，为什么哭呢？」她说：「我是担心我儿子的命呀！当年，吴将军也曾为他的父亲吸吮过伤口，他父亲感念将军的恩情，舍生忘死，英勇杀敌，结果战死在沙场上。我的儿子现在也死定了！」

这位母亲的一席话，道出了身为大将军的吴起亲自为一个普通士兵吸吮伤口的深层原因。吴起将军并不是不知道化脓的伤口脏，自己甚至还有被传染的可能，而是他深知，每一个人不论地位高低，都有自己的愿望和期待，如果想实现自己的目的，就要首先满足别人的愿望。对于一个正在患病的士兵来说，当时最大的愿望莫过于能够使病尽快好起来，伤口早日愈合，结束身体上的痛苦。而把毒疮中的脓液吸出来，就是使疮口早日愈合的最好办法。将心比心，吴起能够亲自蹲下身来为士兵吮吸疮口，士兵当然会对吴起产生感激之情，在战场上自然也就会舍生忘死，英勇杀敌，帮助吴起完成立功成名的愿望。

《管子》中说：圣王治理人民，必须推行九种惠民的政策。第一叫做老老，第二叫做慈幼，第三叫做恤孤，第四叫做养疾，第五叫做合独，第六叫做问病，第七叫做通穷，第八叫做振困，第九叫做接绝。老幼、疾病、穷困、孤独者，生活无依，特别需要照顾和接济。能否对这些处于困境之人进行救助，使他们摆脱困境，是统治者能否安定民心，稳固自己的统治的关键。如果不能解除他们的痛苦，自己也就别想睡上安稳觉。所以孟子说：「老吾老，以及人之老；幼吾幼，以及人之幼。天下可运于掌。」表达的是同一个意思。

汉献帝建安二十二年冬，在曹操统治的地区发生了严重的疾病，老百姓大批死亡，以致垦田面积减少，国库收入锐减。这个时候，曹操采取的措施并不是增加捐税以保证自己和军队的开支，而是下令开仓赈济灾民。曹操说：「去年冬天发生了瘟疫的天灾，老百姓损失很大，军队忙于边事，垦田的数量也有所减少，我心里非常的焦虑。」于是他决定，对老年人、妇女、儿童和残疾人进行救济，并适当减免百姓赋税。曹操赈济穷困的扶助政策，对于恢复和发展农业生产，具有积极意义。不但在一定程度上体现了他对人民的体恤和关怀，更重要的是稳固了后方，对于北方的统一，起到了积极的促进和支持作用。

「保法」，就是要在军队中建立起健全合理严明的制度，做到职责明确，分工合理，赏罚严明，号令一致。军队是一个

上万人甚至数十万人的大集体，如果没有合理的统辖制度和严明的号令，看到无法保持秩序，如一盘散沙一般，根本不可能打胜仗。

《管子·重令》中在强调法令制度对于一个国家的重要性时说：

凡君国之重器莫重于令，令重则君尊；君尊则国安。令轻则君卑，君卑则国危；故安国在乎尊君，尊君在乎行令，行令在乎严罚；罚严令行，则百吏皆恐；罚不严，令不行，则百吏皆喜。故明君察于治民之本，本莫要于令，故曰：『亏令者死，益令者死，不行令者死，留令者死，不从令者死』，五者死而无赦，惟令是视；故曰：『令重而下恐』。为上者不明，令出虽自上，而论可与不可者在下。夫倍上令以为威，则行恣于己以为私，百吏奚不喜之有。且夫令出虽自上，而论可与不可者在下，是威下系于民也。威下系于民，而求上之毋危，不可得也。令出而留者无罪，则是教民不敬也。令出而不行者毋罪，行之者有罪，是皆教民不听也。令出而论可与不可者在官，是威下分也。益损者毋罪，则是教民邪途也。如此，则巧佞之人，将以此成私为交，比周之人，将以此阿党取与。贪利之人，将以此收货聚财。懦弱之人，将以此阿贵事富。便辟伐矜之人，将以此买誉成名。……凡兵之胜也，必待民之用也，而兵乃胜。凡民之用也，必待令之行也，而民乃用。……将帅不严威，民心不专一，陈士不死制，卒士不轻敌，而求兵之必胜，不可得也。……凡先王治国之器三，攻而毁之者六。明王能胜其攻，故不益于三者，而自有国正天下，乱王不能胜其攻，故亦不损于三者，而自有天下而亡。三器者何也？曰：『号令也、斧钺也、禄赏也。』六攻者何也？曰：『亲也、贵也、货也、色也、巧佞也、玩好也。』三器之用何也？曰：『非号令毋以使下，非斧钺毋以威众，非禄赏毋以劝民。』六攻之败何也？曰：『虽不听而可以得存者，虽犯禁而可以得免者，虽毋功而可以得富者。』凡国有不听而可以得存者，则号令不足以使下。有犯禁而可以得免者，则斧钺不足以威众。有毋功而可以得富者，则禄赏不足以劝民。号令不足以使下，斧钺不足以威众，禄赏不足以劝民，若此，则民毋为自用；民毋为自用，则战不胜，

战不胜，而守不固，守不固，则敌国制之矣。然则先王将若之何？曰：『不为六者变更于号令，不为六者疑错于斧钺，不为六者益损于禄赏；』若此，则远近一心；远近一心，则众寡同力；众寡同力，则战可以必胜，而守可以必固，非以并兼攘夺也，以为天下政治也，此正天下之道也。

《管子》用这一大段论述，强调了法令对于国家政治和军事的重要性。《管子》作者认为，统治国家的重要手段中，没有比法令更重要的。重视法令则君主有尊严，君主有尊严则国家安定；轻视法令则君主显得低贱，君主低贱则国家危险。所以，安国在于尊君，尊君在于行令，行令在于严明刑罚。刑罚严、法令行，则百官畏法尽职；刑罚不严、法令不行，则百官玩忽职守。所以，治民的根本，没有比法令更要紧的，法令有力量，下面就畏惧了。君主若昏庸不明，法令虽然由上面制定，而议论其是否可行的权限就落到下面了。凡是能违背君命以自揽权威的，就可以达到为个人而肆意妄为的目的，百官哪有不玩忽职守的呢？

《管子》认为，凡是军队打胜仗，一定要依赖人民服从使用，然后，军队才能打胜仗。凡是人民服从使用，一定要法令贯彻下去，然后人民才能服从使用。将帅没有治军的威严，民心不能专一于抗敌，临阵的将士不肯死于军令，士卒不敢蔑视敌人，还指望军队一定能打胜仗，是办不到的。先代君主治国的手段有三个，破坏国家的因素则有六个。英明的君主能够克服其六个破坏因素，治国手段虽然不超过三个，却能够保有国家，而匡正天下；昏庸的君主不能克服六个破坏因素，治国手段虽然不少于三个，却是有了天下而终于灭亡。三种手段是：号令、刑罚、禄赏。六种破坏因素是：亲者、贵者、财货、美色、奸佞之臣和玩好之物。三种手段用途在于：没有号令，就无法役使臣民；没有刑罚，就无法威服群众；没有禄赏，就无法鼓励人民。六个破坏因素的败坏作用在于：虽不听君令，也可以平安无事；虽触犯禁律也可以免于刑罚；虽没有功绩也可以捞

得财富。凡是国家有不听君令而照样平安无事的，号令就不能推动臣民；有触犯禁律而免于刑罚的，刑罚就不能威服群众；有无功而捞得财富的，禄赏就不能鼓励人民。号令不足以推动臣民，刑罚不足以威服群众，禄赏不足以鼓励人民，这样，人民就不肯为君主效力了。人民不肯为君主效力，作战就不能取胜；作战不能取胜，国防就不巩固；国防不巩固，就会受到敌国的侵略。所以，先代君主不因为上述六个因素而变更号令，不因为上述六个因素而疑虑或废止刑罚，不因为上述六个因素而增加或减少禄赏。这样一来，就可以做到远近一心了；远近一心，就可以达到同心协力了；同心协力，就可以做到作战必胜、防守必固了。这就是匡正天下的原则。

在政治建设和军队建设中，「修道」和「保法」是统一的，两者必须并行，不能因为仁慈而废弃法律，也不能因为行法而丧失恩信。戚继光说：「兵必以威济，此万事不易之纲也。所以救威令之必行而保无变者，恩也。不然，人将怨法而不畏法矣。人心以恩结，此自天子至于庶人一道也。然能使恩之不亵而终能济事者，威也。不然，人将恃恩而不感恩矣。兵之用胜以气也，苟无威则气决不作，苟无恩则威决不行。故恩如形而威如影。」（《止止堂集·愚愚稿·大学经解》）只有修道保法，恩威并重，才能收到良好的效果。

兵法：一曰度，二曰量，三曰数，四曰称，五曰胜。地生度，度生量，量生数，数生称，称生胜。

注释

兵法：汉简本「法」上无「兵」字。度：这里指土地幅员。贾林注曰：「度，土地也。」王皙注曰：「丈尺也。」另，《礼记·明堂位》「颁度量」注：「度为丈尺、高卑、广狭也。」量：原指计量物体多少的容器，这里指物质资源。贾林注曰：

「量，人力多少，仓廪虚实。」《书·舜典》：「协时月正日，同律度量衡。」陆德明释文：「量，力尚反，斗、斛也。」《左传·昭公三年》：「齐旧四量，豆、区、釜、钟。四升为豆，各自其四，以登于釜，釜十则钟。」《汉书·律历志上》：「量者，龠、合、升、斗、斛也。」

数：数目，数量，这里指兵员多寡。贾林曰：「算数也。以数推之，则众寡可知，虚实可见。」王皙曰：「百千也。」《左传·隐公五年》：「公问羽数于众仲。」《汉书·律历志上》：「数者，一、十、百、千、万也。」称：原意为称量、测物之轻重，这里指权衡，比较。王皙注：「称，权衡也。」杜牧注：「称，校也。」《管子·枢言》：「量之不以少多，称之不以轻重，度之不以短长。不审此三者，不可举大事。」刘向《说苑·谈丛》：「寸而度之，至丈必差；铢而称之，至石必过。」胜：指通过对比得出的双方胜负的情状。

译文

用兵应当注意以下五条原则：一是土地面积的广狭，二是物质资源的多少，三是兵员数目的多寡，四是双方实力的比较，五是双方胜负的情状。国土的幅员产生土地面积广狭的「度」，土地面积广狭的「度」产生物质资源多少的「量」，物质资源多少的「量」产生兵员数目多寡的「数」，兵员数目多寡的「数」产生双方实力比较的「称」，双方实力比较的「称」最终决定战争的成败。

评点

在这里，孙子提出了实力对于战争胜负的重要性，战争是智谋的较量，也是实力的较量。能够对双方实力做出正确的估价，是战争决策的前提。而要准确了解实力，就不能靠主观臆断，而是必须建立在科学的基础上，必须以调查研究取得的资料为前提。

孙子的军事思想是建立在朴素唯物主义基础上的，因此他反断鬼神迷信和主观臆断，非常重视调查研究。孙子认为，战

争是国家的大事，关系到国家的生死存亡，必须慎重从事。《孙子·计篇》中说：『兵者，国之大事，死生之地，存亡之道，不可不察也。』其中的『察』，就有调查研究的意思。他认为国君如不调查研究，不了解自己军方的情况，而对军事行动妄加干涉，必将扰乱自己的军队而导致行动的失败。《谋攻篇》：『故君之所以患于军者三：不知军之不可以进而谓之进，不知军之不可以退而谓之退，是谓縻军。不知军之事而同三军之政者，则军士惑矣。不知三军之权而同三军之任，则军士疑矣。三军既惑且疑，则诸侯之难至矣，是谓乱军引胜。』意思是说，国君对军事行动的危害有三种：不知道军队不可以前进而下令军队前进，不知道军队不可以后退而下令军队后退，这叫做束缚军队；不知道军队的内部事务而去干预军队的管理，就会使将士迷惑；不知道军队的权变和谋略而参与军队的指挥，就会使将士疑虑。军队既迷惑又疑虑，就有可能产生诸侯趁机发难的变乱。这就是所谓的自乱其军，自己丢掉了胜利。同时，如果将领不了解具体的情况，也不能贸然行事，所以《军争篇》中说：『故不知诸侯之谋者，不能预交；不知山林、险阻、沮泽之形者，不能行军；不用乡导者，不能得地利。』不知道其它诸侯国的打算，不要和他们结成联盟；不知道山林、险阻和沼泽的地形分布，不能贸然行军；不借助向导，不能得到地利之便。

由此孙子主张，军事行动之前必须调查『五事』，研究『七计』，然后才能作出谁胜谁负的判断和预测。《计篇》：『故经之以五事，校之以计而索真情：一曰道，二曰天，三曰地，四曰将，五曰法。道者，令民与上同意也，故可以与之死，可以与之生，而不畏危。天者，阴阳、寒暑、时制也。地者，远近、险易、广狭、死生也。将者，智、信、仁、勇、严也。法者，曲制、官道、主用也。凡此五者，将莫不闻，知之者胜，不知者不胜。故校之以计，而索其情，曰：主孰有道？将孰有能？天地孰得？法令孰行？兵众孰强？士卒孰练？赏罚孰明？吾以此知胜负矣。』所谓『经之以五事』，就是指从道、天、地、将、

法等五个方面进行调查，然后『校之以计，而索其情』，在调查五事的基础上，对敌我双方『主孰有道？将孰有能？天地孰得？法令孰行？兵众孰强？士卒孰练？赏罚孰明』等七计进行对比分析，预测胜负的结果。

孙子在本篇中论述『形』，这里所说的『兵法』，实际上讲的是通过调查研究了解双方的实力对比并最终预测胜负的几率。他说：『兵法：一曰度，二曰量，三曰数，四曰称，五曰胜。地生度，度生量，量生数，数生称，称生胜。』即：国土的幅员产生土地面积广狭的『度』，土地面积广狭的『度』产生物质资源多少的『量』，物质资源多少的『量』产生兵员数目多寡的『数』，兵员数目多寡的『数』产生双方实力比较的『称』，双方实力比较的『称』最终决定战争的成败。实际上就是在调查土地、幅员、物资的基础上，研究双方军事力量的对比，从而对作战的胜负做出判断。

孙子的调查研究方法是与他的朴素唯物主义思想相联系的，他主张从实际出发，不要迷信和臆断，如果要了解敌人的情况，就要事先向了解敌情的人作调查。《用间篇》说：『故明君贤将，所以动而胜人，成功出于众者，先知也。先知者，不可取于鬼神，不可象于事，不可验于度，必取于人知敌之情者。』即是说：明智的国君和有才能的将领之所以一行动就可以取胜，比一般人做得更成功，是因为他们事先了解情况。要事先了解情况，就不能够迷信鬼神，也不可以用别的事做模拟，更不要用星辰的位置来推断，一定要取自了解情况的人。同时，孙子的调查研究也贯穿了原始的辩证法思想。在《孙子兵法》中，有许多关于对立统一的范畴，无不渗透着辩证法的思想。他主张要从正反两方面辩证地研究问题。例如《九变篇》中说：『是故智者之虑，必杂于利害，杂于利，而务可信也；杂于害，而患可解也。』意思是说，有智谋的人考虑事情，必定既考虑到好的一方面又考虑到坏的一方面，对益处和害处都考虑周全。考虑益处的同时照顾到害处，事情就会顺利进行；考虑害处的同时照顾到益处，忧患就可以解除。所有这些，至今看来仍具有重要的借鉴价值。

故胜兵若以镒称铢，败兵若以铢称镒。胜者之战民也，若决积水于千仞之溪者，形也。

注释

故胜兵若以镒称铢，败兵若以铢称镒：汉简本无「故」字，两「若」都作「如」，「镒」作「溢」，「铢」作「朱」。镒：古代重量单位，合二十两，一说二十四两。《墨子·号令》：「又赏之黄金，人二镒。」孙诒让间诂：「镒，二十四两也。」《国语·晋语二》：「黄金四十镒，白玉之珩六双。」韦昭注：「二十两为镒。」铢：古代衡制中的重量单位，为一两的二十四分之一。《孙子·形》：「故胜兵若以镒称铢，败兵若以铢称镒。」郭化若注：「古代二十四两为一「镒」，二十四分之一两为一「铢」。」《北齐书·文宣帝纪》：「己丑，改铸新钱，文曰「常平五铢」。」

胜者之战民也：汉简本作「称胜者之战民也」，武经本作「胜者之战」，《御览》卷二九〇所引作「胜之者人也」。民：指三军部众。战民：指挥士卒作战。《韩非子·外储说右上》：「吾弛关市之征而缓刑罚，其足以战民乎？」

若决积水于千仞之溪者：汉简本「若」作「如」，「仞」作「那」。决：掘堤放水。《左传·成公十五年》：「登丘而望之，则驰骋而从之，则决睢澨，闭门而登陴矣。」《战国策·赵策一》：「遂战，三月不能拔，因舒军而围之，决晋水而灌之。」唐李肇《唐国史补》卷上：「五节度使讨魏州，王武俊来救，引水以围……遂令决水。」宋程大昌《演繁露·荥泽》：「决荥泽而水大梁，大梁必亡矣。」或指积水冲破堤岸。《左传·襄公三十一年》：「大决所犯，伤人必多。」《汉书·沟洫志》：「孝武元光中，河决于瓠子。」宋曾巩《本朝政要策·黄河》：「自是之后言治河者尤众……有以为宜空水冲以纵其决，穿漕渠以通其势者。」仞：古代长度单位，一说七尺为一仞，一说八尺为一仞。《论语·子张》：「夫子之墙数仞，不得其门而入者，不见宗庙之美，百官之富，得其门者或寡矣。」何晏集解引苞氏曰：「七尺曰仞也。」《仪礼·乡射礼》：「杠长三仞。」郑玄注：「七尺曰仞。」《汉书·食货志上》：「神农之教曰：有石城十仞，汤池百步，带甲百万而亡粟，弗能守也。」颜师古注：「应劭曰：「仞，五尺六寸也。」师古曰：「此说非也。八尺曰仞，取人申臂之一寻也。」」《山海经·西山经》：「又西六十里，曰太华之山……其高五千仞。」郭璞注：「仞，八尺也。」唐以后多从颜师古说。南朝陈徐陵《陇头水》诗：「别涂耸千仞，离川悬百丈。」唐王之涣《凉州词》诗：「黄河远上白云间，一片孤城万仞山。」千仞：这里指极高。溪：深山间的水流。《左传·隐公三年》：「涧溪沼沚之毛，苹蘩蕴藻之菜……可荐于鬼神，可羞于王公。」杜预注：「溪，亦涧也。」孔颖达疏引李巡曰：「水出于山入于川为溪也。」《史记·司马相如列传》：「振溪通谷。」《汉书》「溪」作「谷」。颜师古注引张揖曰：「水注川曰溪，注溪曰谷。」曹操曰：「决水千仞，其势疾也。」赵解云：「先为不可胜者，其积实之形亦如决积实之水，而激射之处，无不崩纵；积实之兵，则所向之处，无不胜矣。」张注云：「水之性，避高而趋下，决之赴深溪，固湍浚而莫之御也，兵之形象水，乘敌之不备，掩敌之不意，避实而击虚，亦莫之制也。」

形：「形」是《孙子兵法》中一个重要的概念。关于其内涵，《孙子校释》中认为：「形，原意为器、为着。《周易·系辞上》：「见乃谓之象，形乃谓之器。」王弼、韩康伯注：「成形曰器。」孔颖达等正义曰：「体质成器，是谓器物，故曰形乃谓之器，言其着也。」同书又云：「形而上者谓之道，形而下者谓之器。」孔颖达等正义曰：「道是无体之名，形是有质之称。」因此，「形」，指事物的实质，在本篇中当谓军事实力。「形」，又有表现状况之义。《礼记·乐记》：「乐必发于声，形于动静。」孔颖达疏：「形于动静者，形，见也。内心欢乐发见于外貌。」军事实力既然客观存在，其状况就会有所表现，如众寡、强弱等。故曹操注：「军之形也。我动彼应，两敌相察，情也。」杜牧注：「因形见情，无形者情密，有形者情疏；密则胜，疏则败也。」由「形」而知「情」，「情」，军情。即军事实力的计算与对比，从而知战争胜负。」《〈孙子〉会笺》中说：「关

于「形」的概念，历来注家多未揭其本质含意。孙子讲「形」，有时指兵力部署所展现于外部的表像，这种表像，对于敌人来说，则往往是虚假的，而自己的真形却往往被掩盖着。所谓「形人而我无形」，就是指的这种情况。而本篇却不是讲如何「形人」和如何使我「无形」的问题，而是讲作为「形」之内涵的「强弱」问题。孙子在下篇曾明确指出：「强弱，形也」，而在本篇也并非泛论「强弱」，而是集中论述具有「强」形之兵，也即所谓「胜兵」的形成问题，一句话，就是优势的形成问题。处于优势地位的「胜兵」，就像「决积水于千仞之溪」，总是「战胜不忒」，能够「自保而全胜」。』郭化若认为：『《孙子》用「形」这一概念（范畴）名篇，全篇主要是讲战争的胜败是由客观物质条件为基础而决定，并讲如何善于利用这些条件。形，简单地说就是有形的物质。《孙子》不把这种客观物质力量看成死的、静止的、孤立的。他在篇末用「决积水于千仞之溪者，形也」这样的形象思维来指明要把物质力量集中，并决开这积水，让它从八百丈陡溪上倾泻而下，这种迅猛的运动速度乘积水的重量以加强其冲击的能量。把物质看成运动中的物质，这在古代军事理论家中可算是难能可贵的。』总之，在孙子那里，形，主要是指实力的强弱，以及由此所表现出来的军事情状。

译文 胜利之军与失败之军相比，如同用镒衡量铢那样优势明显，失败之军与胜利之军相比，如同用铢衡量镒那样处于绝对的劣势。军事实力强大的胜利者指挥军队打仗，像在极高的山顶决开的山涧积水一样，这就是「形」。

评点 本篇所谓的「形」，就是指军队的作战实力，具体来说，包括兵力的众寡强弱、军事素质的优劣和部署的隐蔽暴露等。在本篇的结尾，孙子形象地比喻说：「若决积水于千仞之溪者，形也。」就是说军事实力强大的胜利者指挥军队打仗，就像在极高的山顶决开的山涧积水一样，这就是「形」，也就是军队实力的表现。为了创造出这种「形」，孙子在本篇中主要论述了战前要积蓄军队的作战力量，「先为不可胜」；己方条件具备之后要积极创造、寻求战机，战胜敌人。即所谓「胜

兵先胜而后求战，败兵先战而后求胜。」其主旨，就是强调积蓄军队的作战力量，使自己立于不败之地，然后伺机战胜敌人，不能打无把握之仗。李筌在为这一句做注时，举了西晋名将杜预灭东吴的战役来进行了说明。

咸宁四年（278年），晋武帝司马炎打算出兵灭东吴，彻底结束三国鼎立的局面，多数朝臣表示反对。然而，杜预、羊祜等人支持晋武帝的计划，认为时机成熟。这时，在东吴边境上防守的镇南将军羊祜病重，推荐杜预接替其职。晋武帝当即任命杜预以本官假节、行平东将军，领征南军司。羊祜病逝之后，杜预被拜为征南大将军，都督荆州诸军事。杜预到达襄阳之后，加紧训练士卒，增修军械，积蓄实力，同时派人积极探听东吴军事消息，了解对手情况。他乘东吴西陵（故城在今湖北蕲水县）都督张政不备，出奇兵偷袭成功，并以反间计使东吴将张政调离，致吴军心浮动。

咸宁五年（279年），杜预在分析了己方的实力和东吴国内的政治形势和军事状态以后，认为进攻东吴的时机成熟，旬月之间连上两表给晋武帝，强调不可错过战机，提出发兵攻吴的具体建议。晋武帝听从的他的建议，坚定了信心，是年十一月，下令发兵六路进攻东吴。镇南大将军杜预打中路，向江陵进兵；安东将军王浑打东路，向横江（在今安徽省）进军；还有一路水军，由益州刺史王浚率领，沿着大江，顺流向东进攻。

次年（280年）正月，几路大军一起进发。王浚率水师和步骑兵7万，以唐彬为先锋，由巴郡（今四川重庆）顺江而下，过建平，克丹阳城（今湖北秭归东）。随后在江面发现吴国为阻止船只东下横置于江中的铁锁链和放在水中的大铁锥。王浚用几十只大木筏开路，把大铁锥拖走。并用十几丈长的火炬，把铁链烧断。克服吴国设置的障碍，继续东进，与杜预军会师。中路杜预率大军向江陵（今湖北江陵县）进发，命部将率兵沿长江西上，配合出巴东沿江东下的王浚水军连克数城。又遣将率800精兵，乘黑夜渡过长江，偷袭乐乡（今湖北松滋县）。他命士兵多插旗帜，虚张声势，沿山放火，设疑兵以扰乱东吴

军心。乘驻屯乐乡的东吴都督孙歆与王浚交战之机，杜预又命在乐乡城外设下伏兵。当孙歆战败逃回乐乡城时，杜预派晋军随东吴败兵混入乐乡城中，生俘了孙歆。这一出奇制胜的成功，鼓舞了晋兵士气，动摇了吴军军心。军中颂扬杜预是『以计代战一当万』。乘胜利形势，杜预命大军进攻江陵，一鼓而破，为王浚水师东进清除了一大障碍。江陵攻克以后，晋军各路主将会集江陵举行军事会议，商讨进军灭吴之策。贾充等大臣认为不可能在短期内攻破东吴，并且时疫将起，应等到冬季再战。也有人认为正值酷暑，江水上涨，不宜大举进兵。杜预不同意这些看法，指出，晋军初胜，军威大震，立即东下必势如破竹。他排除干扰，『遂指授群帅方略，径造建业』。江陵会议后，杜预受命『镇静零（陵）、桂（阳），怀辑衡阳』。杜预向南进军中，斩杀和俘获东吴将领、地方官吏一百三十多人，使沅（水）湘（江）流域及交、广等州（包括今湖南、广西、广东三省及贵州、越南北部部分地区）望风而降。杜预持节进行安抚，任命长吏，安定秩序。沿江东进的晋军，所到城邑，吴军皆降。至此，三国鼎立的局面彻底结束了，西晋实现了全国统一。

第五章 势篇

孙子曰：凡治众如治寡，分数是也；斗众如斗寡，形名是也；三军之众，可使必受敌而无败者，奇正是也；兵之所加，如以碫投卵者，虚实是也。

注释

治众如治寡：治，治理，统治，这里指指挥，管理。《易·系辞下》：『上古结绳而治，后世圣人易之以书契。』《史记·循吏列传序》：『奉职循理，亦可以为治，何必威严哉？』治众，指挥人数众多的部队。治寡，指挥人数很少的部队。

分数是也：汉简本无『也』字。分数：指军队的组织编制。曹操曰：『部曲为分，什伍为数。』杜牧注曰：『分者，分别也；数者，人数也。言部曲、行伍皆分别其人数多少，各任偏裨长伍，训练升降，皆责成之，故我所治者，寡也。』刘寅《直解》：『偏裨卒伍之分，万之数，各有统制。』戚继光《新书》：『分数者，治兵之纲也；束伍者，分数之目也。』李贽注：『分，谓偏裨卒伍之分；数，谓十百千万之数各有统制，而大将总其纲领。』另，《淮南子·本经训》：『计人多少众寡，使有分数。筑城掘池，设机械险阻以为备。』《晋书·孝友传·庾衮》：『分数既明，号令不二。』

斗众如斗寡：斗，使……战斗。斗众，指挥人数众多的部队战斗。斗寡，《御览》卷二七〇作『斗少』，指挥人数少的部队战斗。

形名：曹操注：『旌旗曰形，金鼓曰名。』李筌注：『善用兵者，将鸣一金，举一旗，而三军尽应；号令既定，如寡焉。』陈皞注：『夫军士既众，分布必广，临陈对敌，递不相知，故设旌旗之形，使各认之；进退迟速，又不相闻，故设金鼓以节之，所以令之曰：闻鼓则进，闻金则止。曹说是也。』梅尧臣注：『形以旌旗，名以采章，指麾应速，无有后先。』张预注：『用

兵既众，相去必远，耳目之力所不闻见，故令士卒望旌旗之形而前却，听金鼓之号而行止。』可见，在古代注家中，大多以「形」指旌旗，「名」指金鼓。但是，也有人对此提出怀疑，《孙子全译》认为，「形名」与「分数」互文，指军队形制规模与名称。说：「《尉缭子·制谈》：『凡兵制必先定。制先定则士不乱，士不乱则刑（形）乃明。』《孙膑兵法·奇正》：『分定则有刑（形）矣，刑（形）定则有名』，『有刑（形）之徒，莫不可名；有名之徒，莫不可胜。』又曹操注：『旌旗曰形，金鼓曰名。』后人多从其说，未知其据。按：上『治众』『斗众』二分句参互为文，言治众斗众如治寡斗寡，基本原理一样，抓住编制规模名称与员额之数不同这个特点灵活处置就行了。治众，斗众，治寡，斗寡；分数，形名皆互文。」而《〈孙子〉会笺》中则认为，「形名」指旌旗金鼓等指挥号令无误。「『形』在此乃以物形为指挥工具之谓。『名』：《国语·周语》『言以信名』。韦注：『号也。』曹注：『金鼓曰名。』故『名』在此乃以音响作为指挥号令之谓。杜注以『形』指阵形，『名』指旌旗，失之。王注又以『形』为『旌旗金鼓之制』，而以『名』为『各有名号』，亦未逮。此『形名』与战国时术语『形名』之含意不同。钱穆以《孙子》有『形名』之语即谓十三篇作于战国孙膑，其失察欤？此句言指挥千军万马有如指挥一『伍』一『卒』那样得心应手，此乃属于部队之指挥号令问题。」

可使必受敌而无败者：汉简本「必」作「毕」，王皙注也说「『必』当作『毕』。」杨炳安认为，二字可通，「『必』可训『若』，亦即《史记·廉颇蔺相如列传》『王必无人，臣愿奉璧往使』之『必』；如此，则此句当为若受敌而不败之意。作『毕』，可训『皆』，如此，此句当为尽受敌而可使不败之意。二者皆可通。」

奇正：曹操曰：「先出合战为正，后出为奇。」李筌曰：「当敌为正，傍出为奇。将三军无奇兵，未可与人争利。汉吴王濞拥兵入大梁，吴将田伯禄说吴王曰：『兵屯聚而西，无他奇道，难以立功。臣愿得五万人，别循江淮而上，收淮南长沙，入武关，与大王会。此亦一奇也。』不从，遂为周亚夫所败。此则有正无奇。」另，《孙膑兵法·奇正》：「奇发而为正，其未发者，奇也。」《唐太宗李卫公问对》卷上：「太宗曰：『吾之正，使敌视以为奇，吾之奇，使敌视以为正，斯所谓形人者欤？以奇为正，以正为奇，变化莫测，斯所谓无形者欤？』」陈亮《酌古论·李靖》：「敌坚则用正，敌脆则用奇，正以挫之，奇以掩之，均胜之道也。」所谓「奇」，是指指挥作战所运用的「变法」。《老子》：「以奇用兵，以无事取天下。」《汉书·英布传》：「楚发兵与战徐僮间，为三军，欲以相救为奇。」颜师古注：「不聚一处，分而为三，欲互相救，出奇兵。」所谓「正」，是指指挥作战所运用的「常法」。「奇正」，是指指挥作战中常法与变法的灵活运用，奇兵与正兵的相互配合，其含义甚广，如先出为正、后出为奇，正面为正、侧翼为奇，明战为正，暗攻为奇，等等。所以后文说：「战势不过奇正，奇正之变，不可胜穷也。」晋傅玄《古今画赞》也说：「孙武论兵，实妙于神。奇正迭用，变化无形。」。

加：指向，施以。《韩非子·有度》：「（魏安釐王）加兵于齐，私平陆之都。」《史记·魏公子列传》：「当是时，诸侯以公子贤，多客，不敢加兵谋魏十余年。」《周书·王罴传论》：「梁人为之退舍，高氏不敢加兵。」

碫：汉简本作「段」，十一家注本、武经本等均作「碫」，《御览》卷二七〇所引作「瑕」。王念孙校《孙子注》所据本作「鍛」，王皙注作「锻」，孙校本认为应为「碫」。孙说为是。孙志祖《读书脞录》中说：「《说文》『石』部无『碫』字，但有『碬』字，注云：『砺石也，从石，叚声。』《春秋》传曰：『郑公孙碬，字子石。』徐锴系传云：『木华海赋：碬石诡光。』是碬，石文也，今《春秋左传》书『公孙碬』作『公孙段』，误也，痕加反。志祖按：《诗》『取厉取锻』释文：『锻本又作碫，丁乱反。』说文云：『碫，厉石也。』是厉石之『碫』，当从『段』而不从『叚』，音丁乱反而非痕加反明矣。《左传》郑公孙段，印段，一字伯石，一字子石，皆不从『叚』，可证也。玉篇：『碫，厉石也。』别出『碬』字，云：『下加切。』

碏，碬，高下也。』盖说文本有「碫」、「碬」二字，今本脱去「碫」字之注，又脱去「碬」字，而以「碫」字之注入于「碬」字之下，楚金不考，而误音之，反以今《左传》作「段」为误，则谬矣。』王念孙《广雅疏证》也说：『碫，砺也。《说文》：碫，厉石也。引《春秋传》郑公孙段字子石，今本作「段」。又郑印段、宋褚师段，皆字子石。《大雅·公刘篇》：「取厉取锻」。毛《传》云：「锻，石也。」郑《笺》云：「锻石所以为锻，质也。」《孙子·势篇》云：「如以碫投卵。」「碫」、「锻」、「段」并通。「碫」，各本讹作「碬」，今订正。』因此，『碬』应为「碫」，明矣。碫，指锻铁用的砧石，也可泛指石块。

《诗·大雅·公刘》「取厉取锻」孔颖达疏：「言锻金之时，须山石为椹质，故取之也。」

虚实：指强弱、劳逸、众寡、真伪等军事实力的对比，如《韩非子·安危》：「安危在是非，不在于强弱。存亡在虚实，不在于众寡。」曹操曰：「以至实击至虚也。」李筌曰：「碫实卵虚，以实击虚，其势易也。」这里的虚实是以实击虚的意思。

译文 孙子说：管理人数多的军队如同管理人数少的军队一样容易，这是属于军队的组织编制问题；指挥人数多的队伍战斗如同指挥人数少的队伍战斗一样容易，这是属于军队的指挥号令问题；统帅全军战士即使受到敌人攻击也不至于打败仗，这是属于灵活运用战术的「奇正」变化问题；使军队打击敌人如同用坚硬的石头去打易碎的鸡蛋一样容易，这是属于避实击虚的准确运用问题。

评点 唐代诗人林藻有一首题为《吴宫教战》的诗：

强吴矜霸略，讲武在深宫。尽出娇娥辈，先观上将风。
挥戈罗袖卷，擐甲汗装红。轻笑分旗下，含羞入队中。
鼓停行未整，刑举令方崇。自可威邻国，何劳骋战功。

这首诗反映的是孙子吴宫教战小试勒兵的故事，吴宫教战虽然只是一场演习，但初步反映了孙子对「分数」和「形名」的重视。

据《史记》的记载，孙子，齐国人，因为精通兵法受到吴王阖闾的接见。阖闾问他：「您的兵书十三篇我都看过了，可不可以在我这里先试着指挥军队让我看看呢？」孙子回答说：「当然可以。」阖闾说：「那可以用女子来试验吗？」孙子虽然多少感到些意外，但还是爽快地回答说：「可以。」

于是，阖闾把宫中的美女叫出来，共约180人。孙子把她们分为两队，让吴王阖闾最宠爱的两位侍妾分别担任两队的队长，给每位美女都发了一支戟作为兵器。然后，孙子命令她们说：「你们都知道自己的心、左右手和脊背在什么地方吗？」宫女们回答说：「知道。」孙子接着说：「我说向前的时候，你们就一起看心口所对的方向；我说向左的时候，你们就一起看左手所对的方向；我说向右的时候，你们就一起看右手所对的方向；我说向后的时候，你们就一起看脊背所对的方向。」宫女们回答道：「是。」号令宣布完毕后，孙子又命摆好斧钺等刑具，随后又把已经宣布过的号令多次重复地交待清楚，直到每个人都明白无误。

演练开始了，孙子击鼓发令，让宫女们向右，她们全都哈哈大笑，没有按照他的命令去做。孙子见此情景，一本正经地说：「看来纪律还不清楚，号令也不熟悉，这是将领的过错。」他又把军令多次重复地交待清楚，然后再次击鼓发令，让她们向左，妇人们又都像前一次一样大笑不止。孙子「大怒，两目忽张，声如骇虎，发上冲冠，项旁绝缨」（《吴越春秋》），严肃地说：「纪律弄不清楚，号令不熟悉，这是将领的过错；现在既然讲得清清楚楚了，却不遵照号令行事，那就是军官和士兵的过错了。」接着，他问执法官：「战场上不服从军令者该当何罪？」「斩首！」执法官回答。于是，他就令人要杀左、右两队的队长。

这时，吴王正在台上观看，见孙子将要杀自己的两位爱妾，大吃一惊。急忙派使臣传达命令说：「我已经知道将军善于用兵了，我要没了这两个侍妾，吃起东西来也不香甜，希望你手下留情，不要杀她们吧。」孙子回答说：「臣既已受命为将，将在军，君命有所不受。」于是杀了两个队长示众。然后，他又按顺序任用两队第二人为队长，再次击鼓发令，这次，宫女们不论是向左向右、向前向后，跪倒、站起，都完全符合号令、纪律的要求，做得分毫不差，再没有人敢出声了。孙子见演练熟练，就派使臣向吴王报告说：「队伍已经操练整齐，大王可以下台来验察了，任凭大王怎样使用她们，即使叫她们赴汤蹈火也办得到啊。」从此，吴王阖闾知道孙子果真善于用兵，终于任命他做了将军。

孙子顷刻之间将一群没有经过任何军事训练的宫女演练成步调一致、舍生忘死的战士，这不能不说是一个奇迹，而他所凭借的，无非就是他在兵法中一再强调的组织制度和金鼓号令。

除了「分数」和「形名」以外，孙子在这里还提出了两个重要的军事范畴，即「奇正」和「虚实」，这两个范畴充分体现了孙子的辩证法思想，也是他的军事思想的两个重要理论支柱。

凡战者，以正合，以奇胜。故善出奇者，无穷如天地，不竭如江河。终而复始，日月是也；死而复生，四时是也。声不过五，五声之变，不可胜听也；色不过五，五色之变，不可胜观也；味不过五，五味之变，不可胜尝也；战势不过奇正，奇正之变，不可胜穷也。奇正相生，如循环之无端，孰能穷之？

注释

以正合，以奇胜：合，交锋，交战。《史记·高祖本纪》：「淮阴先合，不利，却。」《三国志·魏志·武帝纪》：「时太祖兵少，设伏，纵奇兵击，大破之。」裴松之注引《魏书》：「布益进，乃令轻兵挑战，既合，伏兵乃悉乘堤，步骑并进，大破之。」曹操曰：「正者当敌，奇兵从傍击不备也。」杜佑曰：「正者当敌，奇兵从傍击不备，以正道合战，以奇道取胜也。」李筌曰：「战无其诈，难以胜敌。」梅尧臣曰：「用正合战，用奇取胜。」均以此句意为以正兵与敌正面合战，灵活运用奇兵以出奇制胜，取胜关键在于出奇。善出奇者：有人认为应为「善出奇正者」，以与上下文相合。上文所谓「以正合，以奇胜」重点在出奇，所以无「正」字亦通。另，《御览》卷二八二所引此句无「出」字。

天地：这里喻像天地万物一样变化无穷，而不是如同天地一样广大。不竭如江河：汉简本作「无谒如河海」，「谒」通「竭」；武经本、樱田本、《御览》卷二八二所引均作「不竭如江海」。杜佑注曰：「言应变出奇无穷竭。」李筌注曰：「通流不绝。」张预注曰：「言应变出奇无有穷竭。」均以江河喻无穷无尽之意。终而复始：汉简本作「冬而复始」，「冬」通「终」。终：事物的终结，这里指日月落下；始：事物的开端，这里指日月升起。

死而复生：武经本、樱田本、赵注本、《御览》卷二八二所引「复」均作「更」。死：这里指一个季节的结束；生：这里指一个季节的开始。

四时：这里指一年的四季。《易·恒》：「四时变化而能久成。」《礼记·孔子闲居》：「天有四时，春秋冬夏。」《逸周书·文传》：「无杀夭胎，无伐不成材，无堕四时，如此十年，有十年之积者王。」前蜀韦庄《晚春》诗：「万物不如酒，四时唯爱春。」宋陆游《老学庵笔记》卷二：「靖康初，京师织帛及妇人首饰衣服，皆备四时。」四时也指一日的朝、昼、夕、夜。《左传·昭公元年》：「君子有四时，朝以听政，昼以访问，夕以修令，夜以安身。」

声不过五：《御览》卷二八二所引作「故声不过五」，《长短经·还师》所引作「声不过五声」。五声：即五音，指宫、商、

角、征、羽古代的五个基本音阶。《书·益稷》：『予欲闻六律、五声、八音。』《庄子·马蹄》：『五声不乱，孰应六律。』唐元稹《高端嫠州长史》：『和六饮、六膳以会其时，察五色、五声以知其变。』胜听：胜：尽。《孟子·梁惠王上》：『不违农时，谷不可胜食也。』韩愈《送郑尚书序》：『外国之货日至，珠香象犀玳瑁奇物，溢于中国，不可胜用。』《御览》卷二八二所引『听』作『闻』，《长短经·还师》所引下有『也』字。

五色：青、赤、白、黑、黄五种颜色，古代以此五者为正色，而其它则为由以上五种中的两种或两种以上颜色混合而成的间色。《书·益稷》：『以五采彰施于五色，作服，汝明。』孙星衍疏：『五色，东方谓之青，南方谓之赤，西方谓之白，北方谓之黑，天谓之玄，地谓之黄，玄出于黑，故六者有黄无玄为五也。』《老子》：『五色令人目盲，五音令人耳聋，五味令人口爽。』曹丕《芙蓉池》诗：『上天垂光采，五色一何鲜。』

五味：指甜、酸、苦、辣、咸五种味道。《礼记·礼运》：『五味，六和，十二食，还相为质也。』郑玄注：『五味，酸、苦、辛、咸、甘也。』《淮南子·原道训》：『无声而五音鸣焉，无味而五味形焉，无色而五色成焉。』《老子》：『五味令人爽口。』明张宁《方洲杂言》：『平生不经尝五味丰腴之物，清淡安全，所以致寿。』战势：《御览》卷二八二所引作『战数』，《长短经·奇正》所引作『战胜』。势，这里指形式、方式，战势，指作战方式与兵力部署形式。

穷：尽，极。《书·微子之命》：『作宾于王家，与国咸休，永世无穷。』孔传：『为时王宾客与时皆美，长世无竟。』《列子·汤问》：『飞卫之矢先穷，纪昌遗一矢，既发，飞卫以棘刺之矢扞之，而无差焉。』张湛注：『穷，尽也。』《楚辞·九歌·云中君》：『览冀州兮有余，横四海兮焉穷？』王逸注：『穷，极也。』《吕氏春秋·下贤》：『与物变化，而无所终穷。』高诱注：『穷，极也。』晋潘岳《西征赋》：『燕图穷而荆发，纷绝袖而自引。』晋陆机《文赋》：『同橐钥之罔穷，与天地乎并育。』唐王之涣《登鹳雀楼》诗：『欲穷千里目，更上一层楼。』《长短经·奇正》所引『穷』下有『也』字。

奇正相生：汉简本作『奇正环相生』。相生：指事物由于矛盾转化而生生不已。马王堆汉墓帛书甲本《老子·道经》：『有无之相生也。』郭沫若《〈侈靡篇〉的研究》：『相生，即是木生火，火生土，土生金，金生水，水又生木，如此循环以至无穷无尽。』如循环之无端：汉简本作『如环之毋端』，《长短经·奇正》、《史记·田单列传赞》、《文选·张协杂诗》注、叶适《习学记言》引均为『如环之无端』。李筌曰：『奇正相依而生，如环团圆，不可穷端倪也。』孰能穷之：武经本、樱田本均作『孰能穷之哉』，而其它各本无次『哉』字。

译文

一般来说，战斗都是用正兵对敌，用奇兵取胜。所以善于出奇制胜的人，他的战术战法如同天地的运行一样变化不息，如同江河的流淌一样长流不竭。终而复始，如同日月的运行；循环往复，如同四季的更替。乐音不过五个基本音阶，可是五个音阶的合奏变化，却听不胜听；颜色不过五个基本色素，可是五个色素的错综变化，却看不胜看。滋味不过五种基本味道，可是五种味道的烹调变化，却尝不胜尝。战势不过奇正两项格局，可是奇正两项的变化，却无穷无尽。奇和正相互转化，如同沿着圆环环绕，永远无始无终，谁又能穷尽它呢？

评点

『奇』和『正』是《孙子兵法》中两个重要的军事术语，根据不同的情况，『奇』和『正』可以有不同的理解和运用，例如，从正面进攻为『正』，从侧、后袭击为『奇』；常规的指挥原则和方法为『正』，随机应变、慧心独创的指挥原则和方法为『奇』；明处的兵力布置为『正』，隐藏的军力布置为『奇』；等等。兵法中的出奇制胜就是用奇兵奇计战胜敌人，用常人意想不到的方法、动用特殊的手段，以变幻莫测、出人意料的谋略和方法来取得好的效果。孙子说：『战势不过奇正，奇正之变，不可胜穷也。奇正相生，如循环之无端，孰能穷之？』虽然只有『奇』和『正』两项，却是变化多端，

奥妙无穷。

唐朝末年，以魏博节度使田悦为首的『四镇』联合起兵反叛朝廷，唐王朝派河东节度使马燧率兵去平定叛乱。马燧足智多谋，一交战便连败田悦，长驱直入攻至河北叛镇的辖地。但是，由于进兵过快，战线拉得过长，马燧的粮草供应成了问题，使军队面临困境。田悦觉察到了马燧的难处，深居壁垒之中，拒不出战。马燧营中的粮草越来越少，眼看就要支持不住了，而田悦就是不出来决战，令马燧非常窘迫。

有一天，马燧正在苦苦思索逼田悦出战的计策，忽然想到了田悦的老巢在魏州（今河北大名东北），不由得兴奋之中拍案而起，『如果去攻打魏州，不怕他田悦不出来相救！』于是，马燧命令部队在半夜偷偷潜出军营，沿洹水直奔魏州，又令数百骑兵留在营内，击鼓鸣角，燃点营火，以迷惑敌军。天亮后，马燧大军已全部离开大营，留守的骑兵也停止击鼓鸣角，潜出军营，按照马燧的命令隐藏起来。

唐营变得一片寂静，田悦闻报后，连忙派人前去侦察。侦查的人回来报告说，唐营成了一座空营。不久，又有探骑飞报，马燧已经率大军杀奔魏州而去了。田悦闻报大吃一惊，急忙传令集合将士，亲率轻骑驰援魏州，在半途中『追』上了严阵以待的马燧的人马。

马燧军以逸待劳，首先向田悦发起进攻，但田悦的叛军实力很强，渐渐地，唐军的两翼已经眼看抵挡不住了，落了下风。马燧见势不妙，亲率自己的河东军杀入敌阵，同时传令击鼓助威。唐军的两翼得到支持，勇气大增，返身重新向田悦发起反攻，田悦终于招架不住，向洹水边退去。而洹水上的三座便桥早已被马燧留守大营的骑兵烧毁，叛军顿时大乱。马燧见机不可失，挥军掩杀过来，叛军只好跳水逃命，溺死无数。这一仗，马燧奇计迭出，田悦的叛军被斩杀两万多人，被俘数千人，田悦虽

然带着千余人逃回魏州，但元气大伤。

1642年，李自成率数十万大军转战河南，包围了开封。崇祯皇帝闻讯，急调左良玉、丁启睿、杨文岳等大将统率40万兵马去解开封之围。李自成闻讯后，抢先占领了开封的重要门户——朱仙镇，并截断沙河上流水道，以断绝明军水源，同时又在西南要道上挖掘了深、宽各丈余的壕沟，环绕百余里，以截断明军逃往襄阳的道路。左良玉、丁启睿和杨文岳率大军在朱仙镇东水波集会齐后，联营20余里，但由于缺乏统一的指挥，三路人马各怀心事，谁也不愿意首先出击。城外的明军派使者与开封守军取得联系，希望开封守军开城出战，夹击李自成，但城内明军唯恐李自成乘机攻入，也不敢开城。就这样，明军与起义军对峙了数日之后，断水缺粮，左良玉率先下令南撤，丁启睿和杨文岳跟着也撤离朱仙镇。

左良玉率领的十万余兵马是明军中的精锐，撤退的路线又恰是直奔襄阳。李自成的部将纷纷要求出击，李自成却说：『左良玉有勇有谋，此时如果追击，他们必然死战，不如先放其一条生路，以示我军怯弱，待他人困马乏，防备松懈之时，再攻不迟。』于是，李自成眼看着左良玉的步兵从容退走，没有追击，与左良玉的骑兵接战后，也是打不多时即自动退却。在这种情况下，左良玉果然错误地认为农民军胆怯，不敢追击官军，便放心大胆地命令队伍向襄阳疾进。大军行至李自成事先挖好的沟壕处时，经过80余里的长途急进，明军已经人困马乏，又遇到大沟深壕，人马拥挤，顿时乱作一团。尾随而至的李自成起义军见时机已到，突然从后面杀了上来，明军官兵争相越壕逃命，人马互相践踏，你拥我挤，尸体几乎将丈余深的壕沟填平。左良玉侥幸越过壕沟，但早已埋伏在前方的农民军又截杀过来，两下夹击，10万明军精锐部队全被歼灭，左良玉只带领几名亲信杀开一条血路，逃入襄阳。李自成的农民军声威大壮。

『出奇』不但是军事上制胜的法宝，在现实生活中的其它领域，也常常可以起到通常方法所达不到的效果。清朝的大太

监李莲英，可以说是臭名昭著。然而，这样一个小丑式的人物，是怎样拥有呼风唤雨的权力的呢？靠的就是他苦钻了一门技术——梳头，并以此赢得了慈禧太后的宠爱，获得了进身之阶。

李莲英出身贫苦，他的一个同乡在宫中当太监发了家，于是做梦都想出人头地的李莲英也主动接受了宫刑，来到北京，托这位同乡介绍他入宫当太监。同乡答应找机会介绍他入宫，但是李莲英相貌长得难看，年龄又超过了16岁，进宫的机会是很小的。可是他并不死心，还是经常去找那位同乡拉关系。

有一天，李莲英听见几个梳头太监在私下里唉声叹气，说西太后要梳一种时下流行的发髻，先后换了几个梳头的太监，都不满意，他们只好天天挨打。所谓『言者无心，听者有意。』李莲英一听，知道机会来了。可是，到哪里去学呢？李莲英心想：打扮得最时髦，发式最新巧的女子最多的地方莫过于妓院了，最会梳妆打扮的能手肯定都在那里。于是，他一头扎进妓院，跑去学梳头。凭着他嘴甜手巧，机灵过人，很快掌握了这门关系他一生前程的手艺。学成之后，李莲英再次找到他的同乡，并请同乡推荐他进宫。

梳头房的太监总管听说来了一位会梳头的高手，能梳时下最流行的新发式，高兴得就像得了救星一样。李莲英凭着一手过硬的本领，第一天当值就赢得了慈禧太后的欢心。从此以后，给慈禧梳头就成了他的『专差』。

通过深入研究慈禧太后的心理，李莲英了解到，慈禧太后最怕梳头掉头发。李莲英就一边给慈禧梳头，一边讲笑话或外面听到的轶闻趣事，借此分散慈禧的注意力，而把梳掉的头发，偷偷地装进袖子里。这样，让慈禧太后觉得，他梳的头样式又好看，又不掉头发，从而深得慈禧喜欢。靠此技巧，李莲英当了内务府大总管。

激水之疾，至于漂石者，势也；鸷鸟之疾，至于毁折者，节也，是故善战者，其势险，其节短，势如彍弩，节如发机。

注释

激水之疾：汉简本作『水之疾』，《御览》卷二八二所引作『故水之疾』，《长短经·势略》作『水之弱』。激，水流因受阻而腾涌、飞溅。《水经注·江水二》：『其水并峻激奔暴，鱼鳖所不能游，行者常苦之。』苏轼《中隐堂诗》：『凿石清泉激，开门野鹤飞。』引申为湍急、猛烈。司马相如《上林赋》：『触穹石，激堆埼，沸乎暴怒，汹涌澎湃。』晋郭璞《江赋》：『冲巫峡以迅激，跻江津而起涨。』疾，急剧而猛烈。《易·说卦》：『动万物者，莫疾乎雷；桡万物者，莫疾乎风。』《淮南子·兵略训》：『夫风之疾，至于飞屋折木。』《后汉书·南蛮传》：『尚（刘尚）轻敌入险，山深水疾，舟船不得上。』南朝宋鲍照《从庾中郎游园山石室》诗：『昏昏磴路深，活活梁水疾。』漂石：漂，即『荡』，冲走。张预注：『激之疾流，则其势可以转巨石也。』《文选·长杨赋》『漂昆仑。』李善注：『漂，摇荡之也。』漂石，将石冲走。

势：孙子所谓的『势』，就是在『形』的基础上，军事指挥员通过灵活的战术运用所形成的军事态势。《孙子校释》中说：『「势」，态势、气势、形势。《考工记·弓人》：「射远者用势。」郑司农注：「势，谓形势。」「势」是物质的运动，军事实力形成的态势。故曹操注：「用兵任势也。」』《孙子全译》中说：『孙武的所谓「势」，就是指挥员在充分运用已有客观条件的基础上，最大限度地发挥主观能动性，巧出奇正，巧用虚实，出敌不意，最终造成一种对敌要害部位具有致命威慑力量的险峻的战争态势，这一过程为造势；在「势」形成的最佳时刻，发起攻击，即任势。任势之机，孙子称之为「节」。「节」为任势之关键，有「势」无「节」，「势」必白费。孙武认为，作为指挥员，追求战争胜利应「求之于势不责于人」，把「势」提到了指挥艺术的最高峰。』《〈孙子〉会笺》中也说：『「势」，兵势，亦即根据一定作战意图而部署兵力和掌握运用作战方式方法所造成的一种客观作战态势。……孙子在讲「形」之后，紧接着就讲「势」。「形」和「势」乃是既有区别又有

联系的两个概念。「形」讲的是强弱问题，——孙子明言：「强弱，形也」；而「势」则讲的是勇怯问题，——孙子又明言：「勇怯，势也」。军队既强且勇，何往而不胜？而解决勇怯问题的关键，则在于「奇」、「正」的运用。所以，孙子说：「战势不过奇正。」只要能够很好掌握运用「奇」、「正」之术，并「择人而任势」，充分发挥人的主观能动作用，那就能够造成一种如「转圆石于千仞之山」的险峻有力的作战态势，有了这种态势，就能高屋建瓴，势如破竹，遇之者毁，遏之者折，甚至能使怯者勇，弱者强。」

鸷鸟之疾：《御览》卷二八二所引作『鸷鸟之击』，《孙子校释》和《〈孙子〉会笺》也认为应作『鸷鸟之击』。『孙校云：「御览作鸷鸟之击，按当作击。」查各家注，唯李注作「疾」。曹注「发起击敌」，正作「击」。《淮南子·兵略训》「飞鸟之击也，俛其首」，《史记·越王勾践世家》：「鸷鸟之击也，必匿其形」，皆曰「击」，故以作「击」为是。』鸷鸟：凶猛的鸟，如鹰、雕、鹫之类。杜甫《醉歌行》：『骅骝作驹已汗血，鸷鸟举翮连青云。』

毁折：关于『鸷鸟之击』毁折何物，历来有着不同理解。张预注谓『鹰鹯之擒鸟雀』，杜牧注曰『能毁折物也』，于鬯认为是鸷鸟与鸷鸟相击。以上诸说均认为是鸷鸟击他物，而《孙子全译》则认为是人击鸷鸟，说：『此言疾飞鸷鸟是快速活动目标，是不易击中的，可供击发的时机是暂短的，而之所以被击中毁折，是准确掌握了击发之机，以喻任势之机必须掌握准确。兵无常势，犹鸷鸟疾飞，在势形成的最佳时刻必须发起攻击，这一时机便是节。打活动目标，准确击发的时刻是稍纵即逝的，时不我待，故下文言其节短，此短是指可供选择的时间短促，并非指程途短促。』诸说虽各有见，但相较之下，鸷鸟疾飞将鸟雀击杀当是正解。

节：郭化若认为，『节，即距离。这里指接敌运动距敌愈近，则发起冲击时愈能迅速而突然。这就是「节」的含义。』杨炳安认为『节』是指节奏，说：『《晏子春秋》「履重不节」。于省吾《双剑誃诸子新证》：「节，犹适也。」故「节」有适意，在此指节奏。』《孙子校释》中则认为应为『审度长短』。在这里，将『节』理解为通过对距离的把握而掌握的节奏较为恰当，指动作爆发得即迅捷、猛烈，又恰到好处。是故善战者：《通典》卷一五四、《御览》卷二八二作『是以善战者』。险：疾，迅猛。短：短促。

势如彍弩：彍，弩张满的意思。《说文·弓部》：『彍，满弩也。』王筠句读：『字或作彍。』韩愈李正封《晚秋郾城夜会联句》：『作乐鼓还槌，从禽弓始彍。』彍弩，即拉满的弓弩，多喻急疾，危险。《淮南子·兵略训》：『疾如彍弩，势如发矢。』《抱朴子·吴失》：『危机急于彍弩，亡征着于日月。』《汉书·吾丘寿王传》：『民不得挟弓弩。十贼彍弩，百吏不敢前。』宋陈鹄《耆旧续闻》卷十：『敛谢表曰：「彍弩射市，薄命难逃，飘瓦在前，忮心不校。」』

发机：机，古代弩上发箭的装置。《书·太甲上》：『若虞机张，往省括于度，则释。』孔传：『机，弩牙也。』汉班固《西都赋》：『机不虚掎，弦不再控。』宋司马光《机权论》：『机者，弩之所以发矢者也。』《续资治通鉴·宋太宗雍熙三年》：『兹所谓以明珠而弹雀，为鼷鼠而发机，所失者多，所得者少。』发机，拨动弩弓的发矢机。张预注：『如弩之张，势不可缓；如机之发，节不可远。』《淮南子·原道训》：『恬然则纵之，迫则用之。其纵之也若委衣，其用之也若发机。』高诱注：『机，弩机关。』唐孟迟《寄浙右旧幕僚》诗：『巨拳岂为鸡挥肋，强弩那因鼠发机。』宋梅尧臣《蔡君谟示古大弩牙》诗：『发机高下在分刻，今人妄射功仍赊。』清梅曾亮《上某公书》：『太史公曰：「人能弘道，无如命何。」……其操之也若发机，其纵之也若委衣，此则命无如人何耳。』

译文

湍急的水急速地流动，以至于漂转巨石，这是所谓的『势』；凶猛的鸟迅飞搏击，以至于能击杀鸟雀，这是所谓的『节』。

因此，善于指挥打仗的人，他的战势险疾，攻击的节奏短促。险疾的战势如同拉满的弓一样，短促的节奏如同拔动弩上的机纽突然使箭离弦一样。

评点

孙子在这里提出了『势险节短』的战略思想，意思是说，善于指挥打仗的人，他所造成的战势是险疾的，他所把握的战机是短促有力而恰到好处的。这种险疾的战势就像拉满的弓弩，短促的节奏就像击发弩机。对这段论述做注时，李筌说：『弩不疾则不远，矢不近则不中；势尚疾，节务速。』陈皞也说：『弩之发机，近则易中，战之遇敌，疾则易捷，若趋驰不速，奋击不近，则不能克敌而全胜。』孙子的这种主动造势、以势佐胜的『势险节短』的作战思想受到历代军事家的重视。《兵经百篇》中认为：『难得者时，易失者机，迅而行之，速哉。』《兵垒》中也说：『若乃勃然而起，忽然而至，如豕之奔，虿之螯，狸之搏，兔之脱，谁能御之？』毛泽东同志在《抗日游击战争的战略问题》中也说过：『游击队的作战，要求集中可能多的兵力，采取秘密和神速的行动，出其不意地袭击敌人，很快地解决战斗。』

公元前205年（汉王二年），项羽率部在齐地与田荣、田横作战，刘邦乘项羽大兵东去，后方空虚之机，率领五十六万大军，进攻项羽的根据地楚。项羽得到消息后，留下一部分诸侯继续攻打齐国，自率精兵三万人，火速增援彭城。四月，当项羽到达彭城时，彭城已经被汉军占领，汉军上下以为此战已大功告成，天天大摆酒宴，轻歌曼舞，以示庆贺。项羽率部包围汉军，于拂晓时分突然发动进攻。汉军仓促应战。战至中午，大破汉军。汉军溃逃，项羽率部追击，于谷水、泗水等地消灭汉军十余万人。剩余的汉军南逃至灵壁以东的睢水，面对滔滔水流，十余万人无路可逃，纷纷涉险过河，淹死的汉军阻塞睢水，『睢水为之不流』。在楚军的重重包围之中，幸亏突起大风，刘邦才得以在混乱中经过奋力拼杀，仅率数十骑逃出。

项羽打败刘邦，就是得益于对『势险节短』的准确运用，这一战略思想的要领是，战前要经过精心的准备，一旦时机成熟，即以迅猛、凌厉的动作发起进攻，一举取得战斗的胜利。

1927年，周恩来在上海领导工人第三次武装起义，就成功地运用了这一谋略。

1927年春，为配合北伐战争迅猛发展，上海工人在中国共产党的领导下，举行了反对北洋军阀的武装起义。第一次起义和第二次起义，都在军阀孙传芳的镇压下失败了。1927年3月，中共决定举行第三次武装起义，由周恩来任特别军委书记、武装起义总指挥。这时候，北伐军节节胜利，已经控制了浙江、江西两省和安徽的大部分地区，前锋部队从南、西两面直逼苏南。直系军阀孙传芳连遭惨败，不得不将军队撤离上海，而奉系军阀张作霖又趁机派鲁军毕庶澄部进驻。毕部军阀共有3000人左右，加上当地的2000警察，共有约5000人，战斗力不强。相比之下，上海总工会的会员有28万9千多人，工人纠察队有3000人，自卫团有100人，进行武装起义的条件非常有利。但另一方面，当时举行武装起义，也存在着一定的不利条件。北伐军中，以蒋介石为代表的国民党右派已经开始明目张胆地反共，对工人武装起义不仅不会积极呼应，还可能会予以破坏；总工会会员虽然有数十万，但已经组织起来的工人武装人数不多，且训练不够，武器装备十分缺乏。

周恩来总结前两次起义的教训，认为最主要的问题有两条：一是没有充分的准备，二是领导人在事变中缺乏果断。为了组织好第三次武装起义，他有针对性地在这两点上进行了精心的准备。关于起义的准备工作，主要是组织队伍、筹集武器和制定计划。他将工人纠察队扩大到5000人，自卫团扩大到500人，同时组织了特别队。同时，工人武装按区组织成大队、中队，每天夜里进行军事训练，周恩来并经常亲自到各纠察队去指导训练，手把手教工人练习射击。为了培养起义的骨干，指挥部举办了军事训练班，由具有军事经验的共产党员作教员，讲授枪械使用方法、《暴动须知》和巷战战术等，并进行战术运动射击刺杀等军事训练。在进行人员训练的同时，周恩来还积极组织筹集武器弹药。他们在租界购买了250支手枪，并用

染料制造了炸弹。当时，上海一些军阀和资本家为了保护自身安全而组织了一些保卫团，为了掌握武器，分化敌人，周恩来指示工人骨干参加进去。在周恩来的领导下，全市和各区都制定了书面的作战计划，对进攻目标、力量、方法、时间等都作了详尽的规定。

关于起义的时机掌握，指挥部确定了两个原则，即要与北伐军的军事进展相配合，又要独立行动不能失去时机。当时，陈独秀主张，只有具备了两个条件方可行动：一是上海没有驻兵，二是北伐军到松江后仍继续前进，或者到了上海南郊的龙华。周恩来不同意这种观点，他主张：『假使松江下，必可动，因毕决不致再守上海。苏州下，也必可动，因他也不能枯守上海，同时他的兵队必有一部分溃散。』会议最终接受了周恩来的主张，确定了行动的方案：『一，松江下。二，苏州下。三，麦根路与北站兵向苏州退。三条件有一个就决定发动。』

3月18日，北伐军到达松江，与军阀部队展开激战。3月19日，上海区委主席团召开紧急会议，周恩来估计毕部可能很快就会败退，因此提出，要求大家都准备好，如果十二点以前，有毕军溃退消息，即一面下令罢工，一面准备晚上发动武装起义。当天，指挥部下达了预备动员令，颁布了行动大纲。第二天，北伐军攻克松江，前锋部队推进到上海郊外的龙华。3月21日，中共最后作出武装起义的决定，12时，全市各大工厂汽笛长鸣，80万工人举行总同盟罢工，下午1时，上海工人第三次武装起义爆发。

『势险节短』的战法不仅在军事领域内被采用，而且也是体育竞技中常被采用的取胜方法。

1965年5月25日，拳王阿里与利斯顿在刘易斯顿海军中心举行比赛。比赛开始后，阿里先试探性地与利斯顿周旋，利斯顿则以其势大力沉的重拳向阿里发起咄咄逼人的进攻。1分钟以后，突然，阿里避开了利斯顿几次凌厉凶狠的打击，用闪

电般的左短直拳以迅雷不及掩耳之势击倒了前冲而来的利斯顿。这场胜利的取得只用了1分24秒的时间，轰动了拳击界。曾于五十年代获得拳王称号的华尔考特说：『当时无人相信一拳就打倒的事实，除了拳台边的记者外，数万拳迷无人看清这一拳，人们在慢镜头的记录电影中，才发现这一拳是在距离只有数寸之间击出的。』阿里自己说：『这一拳法必须在对手前冲的十分之一秒的时间内，将全身力量集中到拳臂上出击，因为距离极短，对手防不胜防，又能利用对手的冲力，被击中者的受力程度大大超过了正常的直拳。』阿里的这一致命一击，可谓『势险节短』在体育竞技场上运用的典范。

纷纷纭纭，斗乱而不可乱也；浑浑沌沌，形圆而不可败也。

注释

纷纷纭纭：纷纷，多而乱的样子。《管子·枢言》：『纷纷乎若乱丝，遗遗乎若有从治。』宋王安石《桃源行》：『重华一去宁复得？天下纷纷经几秦。』明沈采《千金记·封王》：『过长亭短亭，乱纷纷道蔽旌旗影。』沙汀《航线》：『于是他们便纷纷嘈吼起来。』晋陶潜《劝农》诗之三：『纷纷士女，趋时竞逐。』宋苏轼《论会于澶渊宋灾故》：『春秋之际，何其乱也。故曰春秋之盟无信盟也，春秋之会无义会也。虽然，纷纷者天下皆是也。』《红楼梦》第二九回：『荣国府门前车辆纷纷，人马簇簇。』。纭纭，繁多而杂乱貌。《南齐书·豫章文献王嶷传》：『况复天下，悠悠万品，怨积聚党，凶迷相类，止于一处，何足不除，脱复多所，便成纭纭。』唐白居易《朱陈村》诗：『机梭声札札，牛驴走纭纭。』清薛雪《一瓢诗话》六四：『又如借本经营，原非己物，终岁纭纭，徒见局蹐。』纷纷纭纭：这里指旌旗多而杂乱的样子。

斗乱而不可乱也：武经本、樱田本及《长短经·教战》所引此句及下句均无『也』字。斗乱，指在纷乱的状态中指挥作战；不可乱，指要做到指挥有定，不可慌乱。李筌曰：『纷纭而斗，示如可乱；建旌有部，鸣金有节，是以不可乱也。』

浑浑沌沌：杂乱不清的样子。曹操曰：『车骑转也。』李筌注：『合杂也。』杜佑注：『浑浑，车轮转行，沌沌，步骤奔驰。』浑沌，古代传说中世界开辟前元气未分、模糊一团的状态。《论衡·谈天》：『说《易》者曰：「元气未分，浑沌为一。」』曹植《七启》：『夫太极之初，浑沌未分。』《陈书·高祖纪上》：『自古虫言鸟迹，浑沌洪荒，凡或虔刘，未此残酷。』明王宠《旦发胥口经湖中瞻眺》诗：『浑沌自太古，漭泱开吴天。』引申为模糊，杂乱，不分明。《鹖冠子·泰鸿》：『五官六府，分之有道；无钩无绳，浑沌不分。』晋葛洪《抱朴子·广譬》：『浑沌之原，无皎澄之流；毫厘之根，无连抱之枝。』清卓尔堪《宁羌将军行赠高枚升》诗：『五丁凿开浑沌气，一夫当关万夫畏。』

形圆而不可败也：指摆成圆阵，保持阵势，首尾连贯，与敌作战应付自如，扰而不乱，所以不致失败。李筌注：『无向背。』何氏注：『无行列。』王皙注：『不测之貌。』张预注：『浑沌交错。』『故此盖言表面虽呈浑沌迷离不辨行列向背之形，然其势则仍能保持不败也；所以如此者，「分数」素明、「形名」素习、奇正分合素定故也。』

译文 旗帜交错，人马杂乱，在这样纷乱错杂的情况里战斗，队形似乎散乱却不可以被打乱；战车转动，人马奔驰，在这样浑沌不分的情况里战斗，队形似乎败坏却不可以被击败。

评点 『纷纷纭纭，斗乱而不可乱也；浑浑沌沌，形圆而不可败也。』越是在混乱的形势下指挥作战，将帅越是要保持清醒镇定。

公元前684年，齐桓公不听从管仲的『国家内部没有安定不能轻易征伐外国』的建议，打算发兵攻打鲁国，企图一举把鲁国征服。此前，鲁国刚刚被齐国打败过，一听到齐国又要来进攻的消息，于是便加紧训练军队，赶造各种兵器，并疏浚了洙水，以加强国都曲阜的守备。在政治上，则采取了一些取信于民的措施。所以，面对齐国的进攻，鲁庄公决定动员全国的力量，同齐国决一胜负。

战争一开始，齐军步步深入鲁国，鲁军为保存实力，则不得不节节败退，以暂时避开齐军的锋芒。当齐军进入到长勺之后，双方摆开了决战的态势。齐军先发制人，向鲁军发起猛烈进攻。鲁庄公见齐军攻上来了，正要下令擂鼓出击，与他同乘一辆战车的曹刿连忙劝止了他。齐军求胜心切，又连续发动了两次攻势，均未奏效。

曹刿见时机已到，对庄公说：『可以进攻了。』此时，齐军由于连续三次进攻没有成功，将士都有些懈怠了。于是，鲁军一鼓作气将齐军的阵营冲垮。庄公见齐军败退，刚要下令追击，又被曹刿阻止住。曹刿下车在地上看了看，发现齐军车辙乱七八糟，又上车向远处瞭望，发现齐军的旗帜东倒西歪，于是对庄公说：『可以追击了。』长勺一战，鲁军重创齐军，把齐军赶出了国境。

战争结束后，鲁庄公向曹刿询问取胜的道理。曹刿说：『作战靠的是勇气。当第一次击鼓的时候，战士们听了就会士气大震；第二次再击鼓的时候，战士们的士气就有些低落了；等到第三次击鼓的时候，战士们就没有什么士气了。齐军三次击鼓进攻还没有占到便宜，将士们的勇气就丧失殆尽了，而我军士气正旺，因此战胜了他们。

庄公又问：『那么我下令追击的时候您为什么又阻止我呢？』

曹刿说：『大国实力雄厚，兵力如何很难判断，所以必须防止中了他们的埋伏。我看到他们的辙印乱了，旗帜也倒了，知道他们是真的败了，所以才让您下令追赶的。』

对于一个合格的军事指挥者来说，越是在局面不清的情况下，就越要确保自己的队伍部署严密，不给对方以可乘之机。

公元1206年（宋宁宗开禧二年），金兵围攻六合，这时宋军六合的守将是毕再遇。与强大的金兵相比，宋军如果硬拼，肯定

不是对手，因此，金兵一到，毕再遇就令将士偃旗息鼓，城头上埋伏好弓弩手，并在城南安置了伏兵。金兵气势汹汹地逼近城下准备攻城，守城的宋军万箭齐发，金兵难以前进。此时，伏兵突然一起杀出，金人摸不清底细，怕中了宋军圈套，只好引兵而退。宋军尾随追杀，金兵大败。

不久，金国又从马鞍山、成家桥等地增兵，加强对六合的进攻，攻势日盛一日。由于金兵进攻频繁，城中储备的箭支很快已用完，军心开始动摇。为了解决箭矢的短缺问题，毕再遇想出一个主意。他命士卒高举青盖在城上来来回回地移动，城下的金兵看到了，以为是宋军的主将在城头上，于是乱箭齐射。这样，宋军很快获得二十余万支箭，解决了武器的短缺问题。为了迷惑敌人，毕再遇又令将士在城门上作乐，同时不断派部队骚扰和奇袭金兵，昼夜不停。金兵久攻不下，只好撤退。

乱生于治，怯生于勇，弱生于强。治乱，数也；勇怯，势也；强弱，形也。故善动敌者，形之，敌必从之；予之，敌必取之；以利动之，以卒待之。

注释

乱生于治：示敌混乱，是由于我之战阵严整。一说恃治之整不抚其下而生乱，一说一方的混乱是由于对方的严整产生的，均未切。「怯生于勇」、「弱生于强」，同。怯生于勇：示敌怯懦，是由于我之战士勇武。汉简本「怯」作「协」，通；「勇」作「恿」，亦通。弱生于强：示敌弱小，是由于我之实力强大。

治乱，数也：数，即前所言「分数」之「数」，指军队的组织编制。军队的治或乱的表现，决定于组织编制是否有序。曹操曰：「以部曲分名数为之，故不可乱也。」是。李筌曰：「历数也。百六之灾，阴阳之数，不由人兴，时所会也。」将「数」视为「阴阳之数」，与孙子思想相悖。勇怯，势也：李筌曰：「夫兵得其势，则怯者勇；失其势，则勇者怯。兵法无定，惟因势而成也。」意思是军队勇与怯的表现，决定于军队的态势是否有利。

强弱，形也：曹操曰：『形势所宜。』王皙曰：『强弱者，形之变。』意思是军队强与弱的表现，决定于军事实力的大小，动敌：按照己之意志调动敌人。形之：形，即示形，形之，示敌以形，指用假像迷惑欺骗敌人。曹操曰：『见羸形也。』李筌曰：『善诱敌者，军或强，能进退其敌也。晋人伐齐，斥山泽之险，虽所不至，必旆而疏陈之，舆曳柴从之。齐人登山而望晋师，见旌旗扬尘，谓其众而夜遁。则晋弱齐为强也。齐伐魏，将田忌用孙膑谋，减灶而趋大梁。魏将庞涓逐之，曰：「齐虏何其怯也！入吾境亡者半矣。」及马，为齐人所败，杀庞涓，虏魏太子而旋。形以弱，而敌从之也。』杜牧注：『我强敌弱，则示以羸形，动之使来，我弱敌强，则示之以强形，动之使去。』杜注：『非止于羸弱也。言我强敌弱，则示以羸形，动之使来，我弱敌强，则示之以强形，动之使去。』

予之：指以小利诱之。曹操曰：『以利诱敌，敌远离其垒，而以便势击其空虚孤特也。』以利动之：汉简本作『以此动之』。动：引动，招致。《孟子·梁惠王下》：『天下固畏齐之强也，今又倍地而不行仁政，是动天下之兵也。』

以卒待之：用重兵伺机破敌。待，汉简本作『侍』。关于『卒』字，颇多歧异，此处应指士卒，可理解为伏兵、重兵。『《略解》、《武经》各本「卒」作「本」，《校解》、《武备志》同。……而《十家注》各本则作「卒」，汉简同，各家除张注外，亦多注「卒」。按二字形近，传写易误。孙子故书或本作「卒」，而后又有作「本」者。唯作「本」，如赵本学解为「实治、实勇、实强」，与张注引李靖说，解为「正兵节制之师」，似觉迂曲。俞樾疑「卒」为「诈」，谓孙子乃齐人，言「诈」如「卒」，故误为「卒」。按俞说乃以音读言之，并不能通其义而训「卒」为「诈」，故亦未安。「以卒待之」：其意甚明，即如杜、梅、王、张所注：以严兵劲卒待之之意。又或疑「卒」为「猝」。按「猝」固可假「卒」为之，《韩非子·存韩》「如有卒报」，

即言如有猝报。「以猝待之」，其义亦可与「攻其无备」、「速乘人之不及」之义相通，唯此「猝」乃副词，在句中用作状语，而非名词或代词，故于词性稍有未安，兹存之，以相参较。』

译文 军队看似杂乱，是由于组织严整；军队看似怯懦，是由于本质勇敢；军队看似软弱，是由于实力强大。严整或纷乱，这是由组织好坏决定的；勇敢或怯懦，这是由战势优劣造成的；强大或软弱，这是由实力大小形成的。善于调动敌人的将领，伪装假象迷惑敌人，敌人必然就会上当受骗；用小利来引诱敌人，敌人必然就会来夺取；用利益来调动敌人，用重兵伺机攻击它。

评点 用假象迷惑敌人，用利益来调动敌人，往往是获取胜利的一种有效的手段。春秋时期晋国假道伐虢的故事，就是一个成功的战例。

晋国的南面有两个小国，一个叫虞，一个叫虢。这两个近邻国家都与周王室同宗，所以相处得很好。晋献公为了夺取崤函要地，决定南下攻打虢国。但是，虞国紧邻虢国的北境，为晋攻虢的必经之途。晋献公害怕二国联合抗晋，就找大夫荀息商议。

晋献公问：『现在我们能讨伐虢国吗？』

荀息说：『不能。虞和虢两国的关系还很好，虢国的戒备也很森严。我看这样吧，我们先给喜欢玩乐的虢公送些美女去，让他尽情享乐，消磨他的意志。』

晋献公依计而行。虢公得了晋国的很多美女，非常高兴，还以为是晋国向自己表示友好，自然放松了对晋国的戒备之心。从此之后，他天天有那么多美女陪着，只顾玩乐，不理政事了。

荀息得到从虢国传来的消息，对晋献公说：『现在可以攻打虢国了。不过，我们还要先离间虞国和虢国的关系去，让虞国不要去援救虢国。虞国国君很贪财好利，大王您只要把你的爱物璧玉和宝马送给他，向他借条路去讨伐虢国，他肯定会答应。

然后我们让犬戎去侵扰虢国，趁虢国忙于对付犬戎之际，我们就可以乘机消灭它。虢国没有了虞国的帮助，肯定会灭亡。同样，虞国没有了虢国的帮助，我们可以顺便灭了它。』

晋献公听了荀息的妙计，连声说好。可一想到要把自己喜欢的宝马和璧玉送给虞公，又有些犹豫了。

荀息看出了晋献公的心思，说：『虞国灭了，宝马和璧玉不就又是您的了吗？我们只不过是把这两件宝物暂时寄存在虞国罢了。』

晋献公一听说得有理，就同意了这个计策。

晋献公首先派人去贿赂犬戎，让他们骚扰虢国。犬戎收了晋国贿赂后，答应了晋国的要求。虢公亲自率领大军在桑田抵御犬戎。

然后，晋献公派荀息出使虞国。荀息见到虞公，献上宝马与璧玉，说：『虢国人经常侵犯我们晋国，我们忍无可忍，决定出兵惩罚他们。我们国君把这两件镇国之宝送给您，希望向贵国借一条道儿去讨伐虢国，倘若我们胜利了，所有战利品都送给大王您。』

虞公看看璧玉，又看看宝马，满口答应。

虞国大夫宫之奇看穿了晋国的阴谋，连忙走到虞公面前劝阻说：『大王，您可千万不要答应啊！虞、虢两国山水相连、唇齿相依，俗话说，「唇亡齿寒」，嘴唇如果没有了，牙齿就会受冻。虢国如果灭亡了，虞国就一定保不住。今天您借道给晋国，他们灭了虢国后，接着就会灭了我国，大王您可要三思呀！』

虞公瞪了宫之奇一眼，说：『晋君把这么好的宝贝给了我，我又怎么能吝惜手指宽的一条路呢？况且失去了虢国一个小国，

结交晋国一个大国，这不是非常划算的好事吗？」

宫之奇料定虞国必然要被晋国灭亡，就带着一家人及早离开了虞国。

荀息回去后，晋献公就任命大将里克率军去攻打虢国。当晋军路过虞国时，虞公见晋军十分强大，就讨好说愿意助战，愿意做晋国军队的前锋。

荀息说：「虞公正在和犬戎打仗，您带领军队，假装上去助战，虢国一定放您进城。我们让晋兵冒充您的军队，只要他们一开城门，我们就可以轻而易举地拿下他们的下阳。」

虞公听从了荀息的安排。里克和荀息让自己的士兵冒充虞国军队，顺利地攻下了虢国的主要城池下阳。虢公一听下阳失守，赶快带兵回来救援，结果被犬戎杀得大败。晋国趁机灭了虢国。

灭了虢国后，里克把从虢国所得珍宝的三成献给虞公，虞公非常高兴。里克假装自己生了病，请求虞公让军队驻扎在虞国城外，自己养好病后再走，虞公不但欣然同意，还三天两头派人来送药问候。

晋国军队在虞国一驻扎就是一个多月。晋献公来到虞国，虞公很高兴地欢迎他，并与晋献公一起到郊外打猎。

正在高兴的时候，忽然有人来向虞公报告，说城里失火。虞公急忙赶到城下，抬头一看，里克正在城头上站着，说：「您以前借路让我们顺利拿下虢国，我们非常感谢。今天您又把虞国给了晋国，再次向您表示感谢。」虞公一听，气得差点没从车上掉下来。这时，晋献公从后面赶来，笑着对他说：「其实我这次前来，是为了取回我的宝马与璧玉的。」

俗语说，「赚小便宜吃大亏」，古人说，「不为小利坏大谋」，都是说人不能只看眼前的蝇头小利，而应当有长远眼光。虞公为了两件所谓的宝物，不但出卖了自己的盟友，而且自己最终也被晋国所灭，对于后人来说，不能不说是一个教训。

故善战者，求之于势，不责于人，故能择人而任势。任势者，其战人也，如转木石。木石之性，安则静，危则动，方则止，圆则行。故善战人之势，如转圆石于千仞之山者，势也。

注释

故善战者：《长短经·理乱》所引作「故善者」。不责于人：汉简本作「弗责于人」。责：求，期望。《说文》：「责，求也。」《论语·卫灵公》：「躬自厚，而薄责于人，则远怨矣。」何晏集解引孔安国曰：「责己厚，责人薄，所以远怨咎。」《史记·汲郑列传》：「其治，责大指而已，不苛小。」岳飞《辞男云特转恩命札子》：「臣闻君之驭臣，固不吝于厚赏，父之教子，岂可责以近功。」章炳麟《訄书前录·客帝匡谬》：「今弗能昌言自主，而以责宣尼之主祏，面欺！」

择人而任势：《通典》卷一五四所引作「择人而任势也」。择：选择。择人：选择适当的人。《左传·昭公七年》：「故政不可不慎也，务三而已：一曰择人，二曰因民，三曰从时。」汉刘向《说苑·杂言》：「是以君子择人与交，农人择田而田。」《花月痕》第七回：「其实采秋乘此机会，要择人而事，不理旧业。」任：利用，掌握，驾驭。任势：指利用各种有利的态势或事物发展变化的趋势。《文心雕龙·定势》：「然文之任势，势有刚柔，不必壮言慷慨，乃称势也。」任势者：《通典》卷一五四所引作「势者」。

战人：与《形篇》中之「战民」义同，指指挥士卒作战。安：平，这里指平地。危：高，高耸，高峻，高险。《国语·晋语八》：「拱木不生危，松柏不生埤。」高诱注：「危，高险也。」南朝宋鲍照《行京口至竹里》诗：「高柯危且竦，锋石横复仄。」宋叶适《题阎才元喜雪堂》诗：「平压龙山五尺危，堕鸢何处避阴威。」清黄遵宪《陈夔献五十寿序》：「精综六籍，翱翔百氏，危儒行，标清议。」

故善战人之势：《通典》卷一五四所引作「故战人之势」。故善战人之势，如转圆石于千仞之山者，势也：《〈孙子〉会笺》中说：「此句，《菁华录》作「故善战人之势，如转圆石于千仞之山；转圆石于千仞之山者，势也」，并肯定原文无迭句「当系脱文无疑」，且责孙校「于此不补正而仍之，亦太疏略矣」。查上篇末句句式与此全同。按迭句固善，唯古人行文简略，语法逻辑亦未必全合现代要求，意犹未尽，须于言外求之，明其真义之所在即可，非不得已，似不必轻易改动原文，况各本皆如此，历来各家亦未见有因不迭句而不明或曲解其真意者。故当仍依各本。此句张注云：「石转于山而不可止遏者，由势使之也；兵在于险而不可制御者，亦势使之也。……故用兵任势，如峻阪走丸，用力至微而成功甚博也。」」此说可取。

译文

所以善于打仗的人，总是设法造成有利的态势，从战势上寻求胜利，而决不责成部属以力战取胜。所以他能恰当地选择人才并能巧妙地借助「势」。善于借助有利的「势」来指挥士兵作战的人，如同转动木头、石头一样。木头、石头的特性，放在平坦的地方就静止，放在高耸的地方就摇动，方形的就容易停止，圆形的就容易摇动。所以，善于指挥作战的人所造就的态势，就如同转动圆石从千仞高的山上滚下来一样，这是所谓「势」的道理。

评点

「激水之疾，至于漂石者，势也」。飞速奔泻的激流，能够把大石转动，是由于湍急的流水和奔泻的速度所造成的。「如转圆石于千仞之山者，势也。」从千仞的高山上转动滚动圆石，飞速直下，势不可当，是借助险峻的山势所造成的。因此，「势」在孙子看来，就是军队力量的充分发挥。孙子主张，指挥军队作战，必须造成和利用有利态势，出奇制胜地打击敌人，去争取战争胜利。由此，他提出了「正合奇胜」、「因敌制胜」、「示形造势」、「避实击虚」等战略战术。在这里，他又强调了充分发挥军队的作战实力，择人而任势，以最有效地打击敌人。

东汉末年，曹操在西凉讨伐马超、韩遂的战争就充分运用了造势和借助势的思想。公元221年（建安十六年），曹操诱捕

了西凉太守马腾，马超、韩遂等人反叛，曹操率军讨伐马超、韩遂，两军在潼关对峙。表面上，曹操对马超施加军事压力，以牵制住马超的主力；在暗中，他却派徐晃、朱灵率军4000渡过黄河，控制了黄河西岸。随后，曹操主力大军也顺利地渡过黄河，向南推进，马超只得退守渭水黄河入口处。曹操渡河后，一面设疑兵吸引马超注意，沿黄河向南修甬道示弱于敌，一面又在暗中抢修浮桥、渡渭河，在渭河南岸加紧修筑营垒。马超率军乘夜偷袭曹营，曹操出以伏兵将其击败。马超因未筑营垒，难以与曹军相持，于是派使者向曹操议和。曹操假装同意，随即设计谋划离间了马超和韩遂的关系，由于内部分裂，马超的力量进一步削弱。曹操随之约期会战，一举大败马超。

在这段论述中，孙子还提出了「择人」的思想，人才在我国古代受到许多明智的政治家和军事家的重视。在用人方面，曹操曾经有一段精辟的议论。他说：「当初伊挚和傅说都出身贫贱，管仲是齐桓公的仇人，他们被任用后，都创造了一番大事业。萧何和曹参都是县衙里的小官，韩信和陈平都曾经受人侮辱，被人耻笑，最后都能成为开国的功臣，名垂千古。吴起是个贪心的将官，杀死妻子树立威名，散尽家财托人买官，母亲去世也不回去，然而他在魏国的时候，强秦不敢东犯，在楚国的时候，三晋不敢南侵。现在天下难道就没有德行高尚，或者果敢勇武、奋不顾身、临危不惧、奋勇杀敌的人沦落民间？一些低层的小官吏，如果有过人的才华、超人的质量，或许可以成为出色的将相。有些人虽然背负着曾经受人污辱的不雅名声，做过被人耻笑的不好行为，或者不够仁义不够孝敬，但是他们也许有治理国家和运筹帷幄的过人才能。如果谁知道有这样的人才，一定要推荐上来，不要有所遗漏。」曹操在用人中「唯才是举」，主张举贤勿拘品行，不拘泥于世俗传统的旧观念，不被门第的高低所限制，不顾及个人的小节细行，而主要看重在治国用兵方面的才能，这些都是有一定可取之处的。

在我国古代，还有「趋势不如趋才」之说，更强调了人才的重要。有一次，齐宣王召见隐士颜斶，颜斶来到王宫，离齐

宣王远远地就站住了。齐宣王说：『颜斶向前来！』颜斶不但没有向前半步，反而也说道：『大王向前来！』齐宣王很不高兴。

齐王左右的人说：『大王是一国之君，你是国君的臣民，大王说「颜斶向前来」，那是请你过去，你不以为荣耀，反倒也说「大王向前来」，这样合适吗？』颜斶回答说：『我到了国君面前，如果主动上前，就是趋炎附势；大王看到了我，如果主动上前，就是礼贤下士。与其使我做贪慕权势的人，不如让大王做个礼贤下士的国君。』齐王气得变了脸色，恼怒地说：『是国君尊贵呢？还是士尊贵呢？』颜斶回答道：『当然是士尊贵，国君不尊贵。』齐王问：『这样说有什么根据吗？』颜斶说：『有。当年秦国攻打齐国，秦王下令说：「如果有人敢在离柳下季坟墓五十步以内的地方砍柴，就要杀无赦。」又下令说：「如果有人能得到齐王的脑袋，就封为万户侯，赏两万两黄金。」由此看来，活着的国君的脑袋，还不如死去的士的一个坟包呢。』听了这话，齐宣王闷闷不乐。

齐王身边的人对颜斶说：『还是你上前来吧。大王拥有千辆战车，广大土地，财力足以建造一千石重的大钟和一万石重的钟架。天下的有道德的士仰慕大王，都来为大王效力，做大王的侍臣；有口才、有智谋的士都来为大王出谋划策。东西南北的人，没有敢不服从大王的；世间各地出产的东西，没有大王得不到的；天下四方的百姓，没有不亲近依附大王的。相反，如今那些清高的士，在大王面前也自称匹夫，出门步行，身居民间；贫贱的下层小官住在穷乡僻壤，替人看门守户。士人地位卑贱的程度，简直是达到了极点。哪能比得上大王尊贵呢？』颜斶回答说：『在我看来不是这样。大禹的时候，天下诸侯国有一万个。他是用什么方法来治国的呢？仅仅是因为他德行崇尚，而又有尊贵的士辅佐。所以舜虽出身于乡野，却获得了天子的高位。到了商汤的时候，天下诸侯也还有三千多个。可是当今之世，南面称王的，只有二十四个。如此看来，难道不是因为治国之策的得失造成的吗？诸侯之间相互诛伐、吞并，一直打到宗族灭绝，就是他们想给人在小巷里看门，还能做得到吗？所以《易传》上说：

『身居高位而不能重视士人，运用他们的才能，做些踏踏实实的工作，只喜欢以虚名相标榜，必然骄傲奢侈。如果骄傲、怠慢、蛮横、奢侈，凶祸必然降临。因此，有名无实的必被削弱；无德而望其福的必受穷困；无功而受其禄的必被侮辱。并且这一切必然招致严重的祸害。』所以说：『好大喜功的人，事业不会成功；空言无行的人，愿望无法实现。』这些都是喜好虚名而不务实事的人的必然结果。老子说：『即使是地位尊贵，也一定要以卑贱为根本；即使生长高大，也必定要以低下为基础。所以各国诸侯都自称孤、寡、不谷，这可能就是他们知道卑贱才是根本的缘故吧』。孤寡都是人们中困苦卑贱、处于最低下地位的人，然而王侯却用来称自己，这不就是谦恭下士的行为吗？尧传天下给舜，舜传天下给禹，周成王重用周公旦，世世代代都称颂他们是明君，这是因为他们都懂得士人的高贵。』

齐宣王说：『唉！君子怎么可以随便加以侮辱呢？都是我自讨没趣而不懂「士贵王轻」的道理。』

第六章　虚实篇

孙子曰：凡先处战地而待敌者佚，后处战地而趋战者劳。故善战者，致人而不致于人。能使敌人自至者，利之也；能使敌人不得至者，害之也。故敌佚能劳之，饱能饥之，安能动之。

注释

凡先处战地而待敌者佚：汉简本作「先处战地而待敌者失」，《御览》卷二七〇所引作「凡先据战地而待敌者佚」。处：居止，这里是到达，占据的意思。佚：通「逸」，安逸，从容，安乐。《墨子·尚同中》：「夫建国设都，乃作后王君公否用泰也；卿大夫师长，否用佚也。」《文选·陈琳〈檄吴将校部曲文〉》：「是以大雅君子于安思危，以远咎悔，小人临祸怀佚，以待死亡。」

后处战地而趋战者劳：《御览》卷二七〇所引作「后据战地而趣战者劳」。趋，疾行、奔赴。《论语·微子》：「孔子下，欲与之言。趋而辟之，不得与之言。」《公羊传·桓公二年》：「殇公知孔父死，已必死，趋而救之，皆死焉。」何休注：「趋，走也。」《淮南子·兵略训》：「猎者逐禽，车驰人趋，各尽其力。」宋洪迈《夷坚丁志·京西田中蛇》：「闻屋侧喀喀作声，趋而视，则有蛇踞屋上。」一说应为「促」，即仓促。《仪礼·士相见礼》：「宾入门，皇，升堂，让，将授志趋。」俞樾《群经平议·仪礼二》：「趋当读为促，古字通用……将授志趋者，谓宾将授玉之时，其志弥促也。」《后汉书·文苑传下·张升》：「仕郡为纲纪，以能出守外黄令。吏有受赇者，即论杀之。或讥升守领一时，何足趋明威戮乎？」李贤注：「趋，急也，读曰促。」趋战，仓促应战。《金史·叛臣传·窝斡》：「乃闻不就贼趋战，而驻兵闲缓。」劳：疲劳，劳苦。《易·系辞上》：「子曰：「劳而不伐。」」孔颖达疏：「虽谦退疲劳而不自伐其善也。」北魏杨衒之《洛阳伽蓝记·闻义里》：「王常停境上，终日不归；师老民劳，百姓嗟怨。」

致人而不致于人：致，招致、引来。《易·需》：「九三，需于泥，致寇至。」王弼注：「招寇而致敌也。」《汉书·公孙弘传》：「致利除害，兼爱无私，谓之仁。」颜师古注：「致，谓引而至也。」《三国志·蜀志·诸葛亮传》：「庶曰：「此人可就见，不可屈致也。」」致人：招致、调动别人。刘基《郁离子·枸橼》：「或问致人之道。郁离子曰：「道致贤，食致民……故善致物者，各以其所好致之。」」这里指调动敌人。致于人：指为敌人所调动。《汉书·赵充国传》所引此语颜注：「致人，引致而取之也；致于人，为人所引也。」

能使敌人自至者：《通典》卷一五六所引作「能使敌自致者」。至：「来」的意思，与上文「致人」、「致于人」之「致」不同，由此《通典》非是。《左传·隐公十一年》：「君子是以知桓王之失郑也……己弗能有，而以与人；人之不至，不亦宜乎！」《荀子·致士》：「口行相反，而欲贤者之至，不肖者之退，不亦难乎！」

利之：以利诱之。曹操曰：「诱之以利也。」李筌曰：「以利诱之，敌则自远而至也。赵将李牧诱匈奴，则其义也。」

能使敌人不得至者，害之也：《御览》卷三三四所引作「使敌人不得至者，险害之地」，并注曰：「守其险害之要路，敌不得自致。」害：妨害，阻挠，牵制。《书·旅獒》：「不作无益害有益，功乃成。」宋欧阳修《笔说·诲学说》：「玉不琢，不成器；人不学，不知道。然玉之为物，有不变之常德，虽不琢以为器，而犹不害为玉也。」曹操曰：「出其所必趋，攻其所必救。」李筌曰：「害其所急，彼必释我而自固也。魏人寇赵邯郸，先师于齐。齐将田忌欲救赵，孙膑曰：「夫解纷者不控卷，救斗者不博撠；批亢捣虚，形格势禁，则自解尔。今二国相持，轻锐竭于外，疲老殆于内，我袭其虚，彼必解围

而奔命，所谓一举存赵而弊魏也。」后魏果释赵而奔大梁，遭齐人于马陵，魏师败绩。」能：这里是「乃」的意思。王引之《经传释词》卷六：「能，犹乃也，亦声相近也。」《左传·昭公十二年》：「中美能黄，上美为元，下美则裳，参成可筮。」《管子·权修》：「审其所好恶，则其长短可知也；观其交游，则其贤不肖可察也。二者不失，则民能可得而官也。」

饥：汉简本、武经本、《御览》卷二七〇所引均作「饥」，而十一家注本作「饥之」。孙星衍认为，应作「饥」为是，「原本作「饥之」者，后人臆改也。」饥：意思是年成很差或颗粒无收。《诗·小雅·雨无正》：「降丧饥馑，斩伐四国。」毛传：「谷不熟曰饥，蔬不熟曰馑。」《史记·秦本纪》：「因其饥伐之，可有大功」《续资治通鉴·宋理宗淳佑六年》：「泉州饥，州民谢应瑞自出私钞四十余万籴米，以赈乡井。」古书中亦特指两种谷物不收或五种谷物不登。《谷梁传·襄公二十四年》：「五谷不升为大饥。一谷不升谓之嗛，二谷不升谓之饥，三谷不升谓之馑，四谷不升谓之康，五谷不升谓之大侵。」《墨子·七患》：「一谷不收谓之馑，二谷不收谓之旱，三谷不收谓之凶，四谷不收谓之馈，五谷不收谓之饥。」饥：意思是肚子吃不饱，饥饿。《书·舜典》：「黎民阻饥，汝后稷播时百谷。」唐韩愈《驽骥》诗：「渴饮一斗水，饥食一束刍。」宋沉作喆《寓简》卷六：「饥非馁也，不及饱耳。」《孟子·离娄下》：「稷思天下有饥者，由己饥之也。」前蜀贯休《酷吏词》：「宁知一曲两曲歌曾使千人万人哭！不惟哭，亦白其头，饥其族。」但在古代，「饥」、「饿」二字也可通用，如：《淮南子·说山训》：「宁百刺以针，无一刺以刀；宁一引重，无久持轻；宁一月饥，无一旬饿。」高诱注：「饥，食不足。饿，困乏也。」此处「饿」通「饿」。韩愈《河南少尹李公墓志铭》：「衢州饥，择刺史。侍郎曰：『莫如郎李某。』遂刺衢州。」苏轼《喜雨亭记》：「无麦无禾，岁且荐饥，狱讼繁兴，而盗贼滋炽。」此二处「饥」通「饿」。清朱骏声《说文通训定声·履部》说：「饿，〔段借〕为饿。」二字可通用。安：安稳，稳固。《墨子·修身》：「君子战虽有陈，而勇为本焉。丧虽有礼，而哀为本焉。士虽有学，而行为本焉。是故置本不安者，无务丰末。」

译文

孙子说：一般来说，作战中先到达战地而等待敌人来战的，就安逸、从容；后到达战地而仓卒应战的，就疲劳、紧张。所以，善于指挥打仗的人，能调动敌人却不被敌人调动。能使敌人自动前来与我作战的，是用小利引诱它的结果；能使敌人不得前来与我作战的，是设法阻挠它的结果。因此，敌人安逸就设法使它疲劳，敌人饱食就设法使它饥饿，敌人防御安稳就设法使它移动起来。

评点

孙子说：「凡先处战地而待敌者佚，后处战地而趋者劳。」凡先到达战场等待敌人到来的就主动、从容，后到达战场仓卒应战的就疲劳、被动。这也就是说，在军事斗争中，谁掌握了战争的主动权，谁就有了取胜的把握。因此，争取主动，避免被动，是历代军事家在战争中所不懈追求和渴望得到的。

南北朝时期，梁司州刺史柳仲礼率军一万进攻襄阳，留部下马岫守安陆城，西魏宇文泰知道后派杨忠南伐，攻克梁的随郡，并一举包围了安陆。柳仲礼得到消息后，怕安陆失守，马上回师，救援安陆。杨忠手下的将领担心一旦柳仲礼援军到达，将难以攻下安陆，请求立即加强攻城。杨忠分析说：「攻守势殊，未可卒拔。若引日劳师，表里受敌，非计也。南人多习水军，不闲野战。仲礼回师，已在近路，吾出其不意，以奇兵袭之，彼怠我奋，一举必克，则安陆不攻自拔，诸城可传檄而定也。」意思是，敌人凭城固守，我们来啃这块硬骨头，短期很难攻下。如果连日攻城，不但会使我军疲劳困乏，而且一旦援军到来，还容易腹背受敌，不是良策。南人擅长水战，不善野战。柳仲礼回援安陆，眼看就要到了，不如我们等在半道上袭击他，敌人长途奔袭，人困马乏；我军以逸待劳，士气正旺，必然能够一战可胜。打败了柳的主力，安陆则自然不攻自破，其它的城池也可以传檄而定了。于是，杨忠挑选了两千精锐的骑兵，衔枚夜进，于淙头与柳仲礼部遭遇。杨忠身先士卒，率军冲杀

一举击溃了柳仲礼的部队，生擒主将柳仲礼。安陆守将马岫知道柳仲礼被擒，不战而降，安陆遂破。杨忠又接着连陷数城，尽取梁朝汉东之地。

杨忠正是运用了『致人而不致于人』的战术，以逸待劳，避实击虚，从而一举挫败梁军。前文《形篇》中袁崇焕宁远大败努尔哈赤的战例，也与其一直坚持主动防御，做好了充分的准备息息相关。

1616年，努尔哈赤建立后金，不断向明发动进攻，到1622年，占领了关外的大片土地，直接威胁山海关。兵部职方主事袁崇焕自告奋勇，临危授命，到关外监督军事。袁崇焕到任后，主张『坚守关外，以捍关内』，实行积极防御的方针。经过考察，他认为，山海关外的宁远（今辽宁兴城）地形险要，东边是以渤海为险，西面群山为障，还可以和峙立海中的觉华寺互为犄角。如果在此设防，就可以扼住入关的通道。于是，他决定在宁远建立防线。他的这一主张提出后，首先受到辽东经略王在晋的反对，王在晋主张实行消极防御，『重点设险，卫山海以卫京师』，坚持要在山海关外八里铺筑重关。两人意见不合，相持不下，袁崇焕只好以书面形式上报京师，请求决断。朝廷接到他的奏报后，即派兵部尚书孙承宗来山海关实地考察。孙承宗通过实地调查，任为袁崇焕的主张可行，于是采纳了他的建议，1622年9月，孙承宗派袁崇焕与副将满桂带兵驻守宁远。

宁远城三面环山，东临渤海，是通往关内的咽喉要地。袁崇焕到宁远后，马上着手加强防御。他见城墙只修了三分之一，且厚度和高度都不够，远远达不到防御的要求，立即下令修筑城墙。他亲自设计城墙，制定了标准：城墙高三丈二尺，城基宽三丈，城墙上宽二丈四尺，可拉车，跑马，并且在城墙头上修了六尺高的射箭护身墙。袁崇焕身先士卒，与将士同甘共苦。因此，人人尽力，百姓亦全力支持，次年即完工。经过他的整修之后，宁远成了一座牢不可摧的堡垒，坚固的军事重镇。1624年，取得了孙承宗批准，袁崇焕又把防线向前推进200里，形成了以宁远、锦州为重点的宁－锦防线。

而此时，明朝内部已经腐败不堪。天启皇帝朱由校昏庸透顶，在内忧外患的关头置天下百姓生死于不顾，竟然沉迷于木匠活儿，朝中大权落入宦官魏忠贤手中。魏忠贤出身无赖，年轻时与人赌钱，欠了一屁股赌债还不出，被人侮辱追讨，只好自己阉割，进宫做了太监。他虽是个大字不识的人，但善于投机钻营，到天启皇帝时，居然成了集军政大权于一身的『九千岁』。魏忠贤卖官鬻爵，打击异己。孙承宗不买阉党的账，自然受到迫害。就在袁崇焕加强辽东防御的关键时刻，魏忠贤派了党羽高弟取代孙承宗为辽东经略，接替了孙承宗的职务。高弟是个怕死之徒，畏敌如虎，刚一到任，便不顾袁崇焕的坚决反对，要关外的军队统统撤回关内。袁崇焕虽然抗死不从，但关外锦州、右屯、大小凌河、松山、杏山一带的守军，在高弟的淫威下，纷纷撤回关内。沿途丢弃军粮10万余石。努尔哈赤得知明辽东前线换了主帅，前线防务自动撤离，立即调十三万大军，浩浩荡荡地杀了过来，结果不费一兵一卒，便侵占了辽东大片土地。孙承宗与袁崇焕数年的苦心，将士的血汗，全都付诸东流。宁远成了一座孤城。

天启六年（1626）正月，后金兵集十三万之众，进攻宁远。努尔哈赤兵临城下，宁远城共有一万多兵马，袁崇焕只好让百姓全部退入城中，烧掉所有民房，坚壁清野，不给敌人留下任何可以利用的东西。1月24日，努尔哈赤开始攻城。袁崇焕早已命人用水泼在城墙上，冻了一层冰。后金兵虽然惯于爬城，但无论如何也爬不上这光溜溜的城墙。努尔哈赤亲自督战，后金兵又搬来云梯、撞车，前仆后继，加强攻势。袁崇焕在城头上指挥明军用石头、弓箭、各种火器狠狠打击，又令炮手对准后金兵密集的地方轰击，后金军伤亡惨重，努尔哈赤只好收兵。第二天，努尔哈赤又调集铁甲军顶着盾牌，分十几处登城。袁崇焕沉着镇定，直等大批后金兵接近城下，他才下令开炮。霎时炮声震动天地，后金兵死伤不计其数，努尔哈赤也受了重伤，

只得退兵，明军出城追杀后金兵，大胜而归。

『先处战地』的策略中不仅是一条重要的军事原则，而且在社会生活中的其它领域也十分有用。例如，在企业的经营管理中，一般来说，由于存在着激烈的竞争，一种新产品、一项新技术，总会有许多企业在同时进行开发和研究。在这种情况下，谁先把产品投放市场，谁就能取得主动权，而后至者则要花费几倍、几十倍的努力，才能抢占一定的市场份额。

出其所不趋，趋其所不意。行千里而不劳者，行于无人之地也；攻而必取者，攻其所不守也；守而必固者，守其所不攻也。故善攻者，敌不知其所守；善守者，敌不知其所攻。微乎微乎，至于无形；神乎神乎，至于无声，故能为敌之司命。

注释

出其所不趋，趋其所不意：《御览》卷二七〇所引作『出其所必趋也』，卷三〇六所引作『出其所必趣』，《长短经·格形》所引作『攻其所必趋』，且此句下均无『趋其所不意』一句，汉简本中亦无此句。因此，《孙子校释》和《〈孙子〉会笺》均认为应从汉简本和《御览》，作『出其所必趋』，并将此句归属上段。『此句似为以上诸句之结语，即「故敌佚能劳之、饱能饥之者，出于其所必趋也」；如此则与以下各节（即「行千里而不劳者，行于无人之地也；攻而必取者，攻其所不守也；守而必固者，守其所不攻也」）句式全同。故此句文字与句式，均以汉简为胜。如依旧文，只以此句观之，则合「攻其无备，出其不意」之旨。然就本节各句文意综合观之，则矛盾立见。若出兵向敌所「不趋」之处，焉能使敌「劳之」、「饥之」、「动之」？欲使「劳之」、「饥之」、「动之」，则必出其所「必趋」而后可。曹注此句云：「使敌不得不（原本脱此不字）相往而救之也。」

其「安能动之」句下又注云：「攻其所必爱，出其所必趋，则使敌不得不相救也。」曹注此句甚确。而由此观之，亦可知其所据本，必作「必趋」，故应依汉简、曹注与孙校改。』也有人认为此句合于『攻其不备，出其不意』之旨，所以不必改（如《孙子全译》），这里仍依原本。出，出击，出兵。《韩非子·饰邪》：『始攻大梁而秦出上党矣，兵至厘而六城拔矣。』《尉缭子·战威》：『夫以居攻出，则居欲重，阵欲坚，发欲毕，斗欲齐。』不：这里当作『无法、无从』之意解。

行千里而不劳者，行于无人之地也：『不劳者』，汉简本作『不畏』，『行于无人之地』，汉简本无『于』字。曹操曰：『出空击虚，避其所守，击其不意。』李筌曰：『出敌无备，从孤击虚，何人之有！』

攻而必取者，攻其所不守也：取：原意为捕获到野兽或战俘时割下其左耳。《周礼·夏官·大司马》：『大兽公之，小禽私之，获者取左耳。』郑玄注：『得禽兽者取左耳，当以计功。』《左传·僖公二十二年》：『且今之勍者，皆吾敌也，虽及胡耇，获则取之，何有于二毛？』这里指容易地征服别国或打败敌军。《左传·襄公十三年》：『师救邿，遂取之。凡书「取」，言易也。』《左传·庄公十一年》：『覆而败之，曰取某师。』《史记·秦始皇本纪》：『蒙骜攻韩，取十三城。』清赵翼《廿二史札记·欧史书法谨严》：『攻战得地……易得曰取，如张全义取河阳是也。』不守：意谓防守松懈之地。李筌曰：『无虞易取。』

守而必固者，守其所不攻也：固，稳固，安定。《书·五子之歌》：『民惟邦本，本固邦宁。』《国语·晋语二》：『诸侯义而抚之，百姓欣而奉之，国可以固。』《史记·陈涉世家论》：『地形险阻，所以为固也。』明宋濂《阅江楼记》：『城池之高深，关阨之严固。』守其所不攻：汉简本作『守其所必（下缺）』，《御览》卷三一七所引作『守其所必攻』。《孙子校释》认为，应从汉简本和《御览》，『守敌所不攻之地，固可守而必固，上下文意亦似畅通，然敌既不攻，则何须加强守备？

且如此守备，何益于战胜攻取？故传本有疑。如作「必攻」，连接上句，其意即为：防御之所以牢不可破者，乃因防御力量皆配置于敌人必攻之地也。换言之，亦即：唯其料敌之所必攻，故能加强守备使之牢固也。此句杜牧云：「不攻尚守，何况其所攻乎？」后人或因杜牧不攻之语而改原文，实际上杜牧意重在下句「况其所攻乎」。故应依汉简本、《御览》作「必攻」。」但也有人仍认为应为「不攻」。「此句意为敌人可能不攻的地方也必防守。杜牧曰：「不攻尚守，何况其攻乎！」梅尧臣曰：「贼击我卫西，亦备乎东。」」「《御览》作「必攻」，误。若守敌所必攻，则求守「必固」，岂可得耶？」按：若较之前据「不守」之意，及孙子的「出其不意，攻其不备」、「奇正」等思想，应作「不攻」为确。

故善攻者，敌不知其所守；善守者，敌不知其所攻：汉简本作「故善攻者，敌不知所守；善守者，敌不知所攻」。曹操曰：「情不泄也。」杜牧曰：「攻取备御之情不泄也。」梅尧臣曰：「善攻者机密不泄，善守者周备不隙。」王皙曰：「善攻者待敌有可乘之隙，速而攻之，则使其不能守也；善守者常为不可胜，则使其不能攻也。」意思都是说：善于进攻的人，敌人不知道防守哪里好；善于防守的人，敌人不知道向哪里进攻才行。而李筌注曰：「善攻者，器械多也；东魏高欢攻邺是也。善守，谨备也；周韦孝宽守晋州是也。」则理解有误，以此二句反观上句「必攻」、「不攻」之争，也当以「不攻」为确。

微乎微乎，至于无形：「微乎微乎」，《通典》卷一六〇所引作「微乎微微」；「至于无形」，《御览》卷三一七所引作「故能隐于常形」。微：精深，奥妙，微妙。《荀子·解蔽》：「处一之危，其荣满侧；养一之微，荣矣而未知。」杨倞注：「微，精妙也。」《盐铁论·刑德》：「法之微者，固非众人之所知也。」《抱朴子·任命》：「道靡远而不究，言无微而不研。」宋戴埴《鼠璞·麦秀黍离之歌》：「箕子之歌简而直，周人之诗微而婉。」清全祖望《刘继庄传》：「则天地相应之变迁，可以求其微矣。」至于：达到……程度。《史记·伍子胥列传》：「今子故平王之臣，亲北面而事之，今至于僇死人，此岂其无天道之极乎！」苏轼《表忠观碑》：「是以其民至于老死，不识兵革，四时嬉游，歌舞之声相闻，至于今不废。」

神乎神乎，至于无声：「神乎神乎」，《通典》卷一六〇所引作「神乎神神」；「至于无声」，《御览》卷三一七所引无此句。神：神奇，深奥。《易·系辞上》：「阴阳不测之谓神。」韩康伯注：「神也者，变化之极妙，万物而为言，不可以形诘者也。」

故能为敌之司命：汉简本作「故能为敌司命」，《通典》卷一六〇所引作「故能为变化司命」。司命：掌握命运者，关系命运者。张预注：「故敌人死生之命，皆主于我也。」李筌曰：「言二遁用兵之奇正，攻守微妙，不可形于言说也。微妙神乎，敌之死生，悬形于我，故曰司命。」《管子·国蓄》：「五谷食米，民之司命也。」

译文

在敌人无法紧急救援的地方出击，在敌人意料不到的地方和时间进攻。走千里长途却不至于人马劳顿，是因为走在没有敌人设防的地方；进攻就必然能得手，因为是攻击的敌人防守不坚固的地方；防守就必然能牢固的，是在正常情况下敌人不可能进攻的地方都设置防守。所以，善于进攻的人，敌人不知道该在哪里防守；善于防守的人，敌人不知道该向哪里进攻。精妙呀！精妙呀！精妙到敌人无形可窥的程度，神奇呀！神奇呀！神奇到不露一丝声息的程度。这样，才能成为敌人命运的主宰者。

评点

「虚实」这一军事范畴是《孙子兵法》的核心和精髓。在上文的《势篇》中，就有：「兵之所加，如以碫投卵者，虚实是也」。在这一篇中，孙子更是直接以「虚实」作为篇名，对军事斗争中虚实的运用进行了详细的阐述。历代兵家对「虚实」思想都给予了极高的评价。唐太宗李世民曾经说：「朕观诸兵书无出孙武。孙武十三篇，无出《虚实》。夫用兵识虚实之势，则无不胜焉。」

在孙子看来，军事斗争双方的态势中都存在着虚实问题，一般来说，怯、弱、乱、饥、劳、寡、不虞为虚，而勇、强、治、饱、逸、众、有备则为实。军事斗争的一般规律，就是要「避实击虚」。「兵形像水，水之行，避高而趋下；兵之形，避实而击

虚」。用兵规律就如同流水，水流动的方式是避开高处而流向低处，用兵的规律则是避开敌人「实」的地方，而攻击敌人「虚」的地方。

孙子把「避实击虚」的原则贯穿到了战争的各个方面。他说：「出其所不趋，趋其所不意。行千里而不劳者，行于无人之地也。攻而必取者，攻其所不守也；守而必固者，守其所不攻也。」意思是说，在敌人无法紧急救援的地方出击，在敌人意料不到的地方和时间进攻。走千里长途却不至于人马劳顿，是因为走在没有敌人设防的地方；进攻就必然能得手，因为是攻击敌人防守不坚固的地方；防守就必然能牢固的，是在正常情况下敌人不可能进攻的地方都设置防守。他接着又说：「故善攻者，敌不知其所守；善守者，敌不知其所攻。」就是说善于进攻的人，敌人不知道该在哪里防守；善于防守的人，敌人不知道该向哪里进攻。另外，「进而不可御者，冲其虚也」；「故形人而我无形，则我专而敌分；我专为一，敌分为十，是以十攻其一也，则我众而敌寡；能以众寡者，则吾之所以战者，约矣。吾所与战之地不可知，不可知，则敌所备者多，敌所备者多，则吾所以战者，寡矣」；「故备前则后寡，备后则前寡，备左则右寡，备右则左寡，无所不备，则无所不寡；寡者备人者也，众者使人备己者也」；等等，都对「避实击虚」原则的运用进行了精辟的说明。

因此，在孙子看来，军事斗争中存在的「其所不趋」、「其所不意」、「无人之地」、「其所不守」、「其所不攻」、「其虚」、「敌寡」、「寡而备人者」等现象，都是「虚」的表现。而所谓的「避实击虚」，就是要在不同情况下做到「出其所不趋」、「趋其所不意」、「行于无人之地」、「攻其所不守」、「守其所不攻」、「冲其虚」、「以众击寡」。「避实击虚」最主要的一个原则，就是要正确选择作战方向和打击目标。在《九地篇》中，他说：「故为兵之事，在顺详敌之意，并敌一向，千里杀将，是谓巧能成事。」要有效地打击敌人，就要集中优势兵力，把敌人既是要害而又虚弱的地方作为军事进攻的主要方向。

在《孙子兵法》中，「避实击虚」不但是一条重要的战术原则，而且还是一条重要的战略指导思想。在战争中如果要有必胜的把握，就要「胜于易胜」、「胜已败者」。所谓「胜于易胜」，就是战胜那些易于战胜的敌人，也就是攻击弱敌、乱敌、怯敌、饿敌、劳敌、寡敌、松敌等。所谓「胜已败者」，就是战胜那些已经处于失败地位的虚弱之敌，起到兵锋所至，摧枯拉朽，立见胜败的效果。

「避实击虚」作为一条具有普遍意义的规律是显而易见的，但在现实的军事斗争中，并不是一件容易把握的事情，这是因为，交战的双方都在竭力掩盖自己的军事意图，巧饰伪装，真真假假，虚实难辨。同时，作为一对辩证统一的范畴，「虚」与「实」相反相成，虚中有实，实中有虚；此处是虚，彼处是实；虚可变实，实可变虚；此时是虚，彼时是实。所以「避实击虚」原则的实现，既要具体情况具体分析，用全面的发展的眼光去分析敌我双方的形势，又要依靠指挥员去能动地创造，根据需要「造势」。因此，孙子在提出「避实击虚」原则的同时又强调：「途有所不由，军有所不击，城有所不攻，地有所不争。」（《九地篇》）

「避实击虚」是许多军事思想家的共识，在其它一些军事著作中，对此也多有论述。相传为齐国著名军事家、政治家管仲所作的《管子》中，提出了「释实而攻虚」的思想。《管子·霸言》中说：「故善攻者，料众以攻众，料食以攻食，料备以攻备。以众攻众，众存不攻；以食攻食，食存不攻；以备攻备，备存不攻。释实而攻虚，释坚而攻脆，释难而攻易。」意思是说，善于进攻的人都要算计好我军的人数以针对敌军的人数，算计好我军的粮草以针对敌军的的粮草，算计好我军装备以针对敌军的装备。以人对人，如敌军兵众多于我军则不可以进攻；以粮对粮，如敌军粮草多于我军则不可以进攻；以装备对装备，如敌军装备多于我军，也不可以进攻。作战中应该避「实」而击其「虚」，避开坚固的地方而击其脆弱的地方，避

开难攻之地而击其易被摧毁的地方。《管子·制分》中又说：『凡用兵者，攻坚则轫，乘瑕则神。攻坚则瑕者坚，乘瑕则坚者瑕』。大意是说，凡是作战，攻击坚固的地方就会受阻碍，攻击虚弱的地方就能建奇功。强点打不下来，弱点也会变成强点；弱点打成功了，强点也会变为弱点。并举例说：『屠牛坦朝解九牛，屠刀仍锋利如初，则刃游间也。』屠牛坦一天割解九只牛而屠刀依然锋利如初，就是因为刀刃总是在空隙间活动的原故。指挥作战的道理也是如此，尽量避免去碰硬骨头。

孙膑对孙武『避实击虚』的思想进行了发挥，提出了『批亢倒虚』的思想。『亢』就是敌军中既是咽喉、要害又很虚弱的地方，选在这样的地方进攻，无疑具有事半功倍的打击效果。《孙膑兵法·十问》中又说：『攻其所必救，使离其固，以揆其虑，施伏设援，击其移庶』。意思是说，要进攻敌人必然求援的地方，迫使它脱离坚固的阵地，判明敌人的作战企图，设置伏兵和援军，乘敌人在运动中将其消灭。『围魏救赵』之战无疑是孙膑这一战术思想的成功运用。

另外，在《司马法》、《六韬》等军事著作中，也对『虚实』的思想和『避实击虚』的战术原则进行了论述。《司马法·严位》中说：『击其微静，避其强静；击其倦劳，避其闲窕；击其大惧，避其小惧。自古之政也。』在军事进攻中，要进攻弱小而消沉的敌人，避开强大而坚定的敌人；进攻疲劳困倦的敌人，避开精力充沛的敌人；进攻惊慌失措的敌人，避开从容镇静的敌人。《六韬》中则对敌人在哪些情况下薄弱可击进行了详细地分析，指出：『不戒可击，疲劳可击，将离士卒可击，涉长路可击』；『旌旗扰乱，人马数动，即陷之；士卒或前或后，或左或右，即陷之；阵不坚固，士卒前后相顾，即陷之；前往而疑，后往而怯，即陷之』；『敌人新集可击，人马未食可击，不暇可击』；『敌人始至，行阵未定，前后不属，陷其前骑，击其左右，敌人必走』；『奔走可击，……济水可击』；『敌人奔走，士卒散乱。或翼其两旁，或掩其前后，其将可擒』；『敌人猝去不远，未定而复反者，彼用其士卒太疾也。太疾则前后不相次。不相次则行阵必乱。如此者，急出兵击之，以少击众，则必败矣』。这些思想，与《孙子兵法》中的思想都是一致的。

进而不可御者，冲其虚也；退而不可追者，速而不可及也。故我欲战，敌虽高垒深沟，不得不与我战者，攻其所必救也；我不欲战，画地而守之，敌不得与我战者，乖其所之也。

注释

进而不可御：汉简本作『进不可迎』，《通典》卷一五八、《御览》卷三一七作『进不可御』。御：抵御，抵抗。

冲其虚也：冲：突袭，冲击。《六韬·敌武》：『敌人逐我，发我车骑冲其左右。』银雀山汉墓竹简《孙膑兵法·威王问》：『锥行者，所以冲坚毁锐也。』《吕氏春秋·贵卒》：『吾丘鸩衣铁甲操铁杖以战，而所击无不碎，所冲无不陷。』唐韩愈《答张彻》诗：『防泄堑夜塞，惧冲城昼扃。』又指撞击，敲击。《晏子春秋·外篇下九》：『景公为大钟，将县之。晏子、仲尼、柏常骞三人朝，俱曰：「钟将毁。」冲之，果毁。』虚：防守虚懈之处。曹操曰：『卒往进攻其虚懈。』李筌曰：『进者袭空虚懈怠。』

退而不可追者，速而不可及也：汉简本『追』作『止』，『速』作『远』。速：迅速，快。《论语·子路》：『欲速则不达，见小利则大事不成。』唐王建《远将归》诗：『去愿车轮迟，回思马蹄速。』及：追上，赶上。《论语·颜渊》：『子贡曰：「惜乎！夫子之说君子也。驷不及舌。」』《后汉书·虞诩传》：『虏众多，吾兵少，徐行则易为所及，速进则彼所不测。』宋陆游《临安春雨初霁》诗：『素衣莫起风尘叹，犹及清明可到家。』曹操曰：『退又疾也。』李筌曰：『退者必辎重在先，行远而大军始退，是以不可追。』

敌虽高垒深沟，不得不与我战者，攻其所必救也：汉简本无『虽高垒深沟』五字。垒：阵地上的防御工事。《礼记·曲礼上》：『四郊多垒，此卿大夫之辱也。』郑玄注：『垒，军壁也。』《孙膑兵法·陈忌问垒》：『车者，所以当垒也。』唐杜甫《不寐》诗：『多垒满山谷，桃源无处求。』沟：护城河或人工挖掘的战壕。《史记·齐太公世家》：『楚方城以为城，江汉以为沟。』《韩非子·说林下》：『将军怒，将深沟高垒。』必救：指敌人的要害之处或薄弱环节。曹操和李筌均曰：『绝其粮道，守其归路，攻其君主也。』此句意为，因为我方已把握了战争主动权，当我欲与敌人进行决战时，敌人不得不从命。之所以如此，是因为我所选择的攻击点，是敌之要害之处。

画地而守之：画，界限，指画出界限。《书·毕命》：『申画郊圻，慎固封守，以康四海。』孔传：『郊圻虽旧所规画，当重分明之。』《左传·襄公四年》：『芒芒禹迹，画为九州岛。』杜预注：『画，分也。』孔颖达疏：『言画地分之以为竟也。』唐韩愈《送李尚书赴襄阳八韵》：『壤画星摇动，旗分兽簸扬。』《明史·叶兑传》：『今之规模，宜……定都建康，拓地江广，进则越两淮以北征，退则画长江而自守。』画地：在地上画界线。画地而守：即据地而守，喻防守颇易。乖其所之也：乖，违，相反，此处有改变、调动的意思。《易·序卦》：『家道穷必乖，故受之以睽。睽者，乖也。』晋郭璞《皇孙生请布泽疏》：『故水至清则无鱼，政至察则众乖，此自然之势也。』明张居正《答应天张按院》：『抚按地方，凡事当一秉虚心，不宜有所偏私，致乖理法。』清纪昀《阅微草堂笔记·槐西杂志一》：『《隋书》载兰陵公主死殉后夫，登于《烈女传》之首，颇乖史法。』之：往，去。《诗·墉风·载驰》：『百尔所思，不如我所之。』《汉书·高后纪》：『足下不急之国守藩，乃为上将将兵留此，为诸大臣所疑。』颜师古注：『之，往也。』唐韩愈《上考功崔虞部书》：『其行道为学既已大成，而又之死不倦。』清黄宗羲《两异人传》：『之死而不悔。』此句意谓调动敌人，将其引往他处。

译文

进攻而使敌人无法抵御的，是冲击它的薄弱环节；后退而使敌人无法追到的，是行动迅速使得它来不及追赶。所以，如果我军想要决战，尽管敌人高垒深沟，也不得不同我军作战的，这是由于进攻了它的要害的地方；我军不想与敌决战，即使仅仅在地上画一道界限也能守得住，敌人无法来同我军交锋，这是因为设计把它调动到别的方向去了。

评点

『进而不可御者，冲其虚也。』孙子一贯强调：善于用兵的人，要避开敌人的锐气。敌人的精锐所在，不要向它进攻，而在敌人懈怠疲惫时去进攻它。当敌人士气旺盛的时候与之交锋，是很不明智的。但敌人的士气不可能长盛不衰，也有其懈怠、疲惫之时，这时再出击，必能大获全胜。这一思想蕴含着丰富的辩证法思想，是符合事物消长规律的。

南朝时，控制北魏朝政的尔朱兆被高欢击败，尔朱兆率领一部人马逃往秀容。高欢立元修为魏孝武帝，自己做了丞相，并亲率大军进驻晋阳，准备征讨尔朱兆。而尔朱兆逃到秀容后，立即着手整顿军马，聚草屯粮，筹划把守关隘，准备抵御高欢的进攻。

一天，探马突然来报：『高欢率领大军已经离开晋阳，正在向我们开进，不日即可到达。』尔朱兆此时已是惊弓之鸟，一听高欢真的来进攻了，更加恐慌，连忙命令所属各部作好迎敌准备。可是许多天过去了，竟然毫无动静，派人打听，才知道高欢已经收兵回营，尔朱兆原来只是虚惊了一场。

过了一段时间，又有探马报告说高欢马上就要攻过来了，但事后才发觉又是故弄玄虚。如此反复四次。尔朱兆认为：高欢现在正集中精力对付关中及朝廷内部的反对派，这样做只不过是故意虚张声势来以攻代守罢了。于是，他也就放松了戒备。

高欢得知尔朱兆已放松了戒备，便秘密集结军队，筹备军用物资，利用新春岁首，士兵放假休息的机会，发起了进攻。533年大年初一，尔朱兆和部将们正在饮酒作乐，欢度新年，突然杀声四起，一个个惊慌失措。高欢军乘势追杀，尔朱兆军溃败，

最后他在赤洪岭自尽了。

高欢用『虚虚实实』的方法来麻痹敌人，使敌人放松戒备，然后自己乘虚而入，大败敌军。这也是采用的『避实击虚』的策略。

『避实击虚』不但是军事决策中的一条基本原则，而且在现实生活中也有重要的价值。『孙膑赛马』的故事就是使用了这条原理。

战国时期，齐威王很喜欢赛马，经常与大将军田忌进行比赛。他们的方法是把马分为上、中、下三等分别进行比赛，虽然马力相差不远，但田忌经常是赛三场输三场。后来，孙膑向田忌献策，他说，就马的力气而论，你们双方相差不多，都有上、中、下之分。但是，大王的马都是从天下搜集来的，比你的要好一些。因此你每次用良马对大王的良马，劣马对大王的劣马，这样依次角逐，自然会输掉。不如这样，您用下等马对威王的上等马，用上等马对威王的中等马，用中等马对威王的下等马，用这个方法也许能从总体上胜过他。

田忌采用了孙膑所说的办法。结果再比赛时，田忌虽然输了一场，但有两场取得了胜利，终于以二比一赢了齐王。

在这里，孙膑所采取的也是『避实就虚』的策略。他放弃了与齐王最好的马的争夺，用自己实力最强的马去与他的实力稍弱的马比赛，因此最终赢得了胜利。

但是，采用这种方法并不能生搬硬套，应该根据活动的目的灵活采用。在后来的齐魏桂陵之战中，孙膑就又向田忌证明了这个道理。

在桂陵之战中，魏军分左、中、右三路回救魏国的都城大梁。其中，左军力量最强，中军次之，右军最弱。齐军主将田忌从赛马中得到启示，准备也将自己的军队按战斗力强弱分为上中下三等，以自己力量最弱的下军迎击敌军最强的左军，再以上军击其中军，以中军击其右军。孙膑对他说，作战不是争个二胜一负就能获胜，而是要大量消灭敌人。他经过分析双方的实力后提出，要用自己的下军对敌人最强的左军，用自己的中军对敌人的中军。前者敌强我弱，后者势均力敌。这两军要依托有利地形，尽量缠住敌人，拖延时间，钳制敌人而不要死打硬拼。同时，以自己最强的上军攻击敌人最弱的右军，采取速战速决的办法，得胜后再与中军协同合击敌人中军。消灭敌人的中军后，再把所有的军队集中起来，共击敌人最强的左军。采取这种策略，在每一个局部都形成了我强敌弱的局面，这样，齐军一举击败了魏军，取得了全胜。

不仅『避实就虚』的方法在平时使用时不能生搬硬套，其它所有方法也都一样，要根据目的、形势、时机的变化灵活掌握，『纸上谈兵』式的做法在做什么事情时都是行不通的。这才是各种方法中最基本的一条方法。

故形人而我无形，则我专而敌分；我专为一，敌分为十，是以十攻其一也，则我众而敌寡，能以众击寡者，则吾之所与战者，约矣。

注释

故形人而我无形：汉简本作『故善将者，形人而无形』。形人：使敌人现形，形，此处作动词，显露的意思。梅尧臣注曰：『他人有形，我形不见。故敌分兵以备我。』一说为示伪形于敌，即用假像欺骗敌人。张预注：『吾之正，使敌视之以为奇；吾之奇，使敌视以为正，形人者也。以奇为正，以正为奇，变化纷纭，使敌莫测，无形者也。』无形：即隐蔽真形。我专而敌分：专：专一，这里是集中的意思。《易·系辞上》：『夫干，其静也专。』韩康伯注：『专，专一也。』《淮南子·精神训》：『夫血气能专于五藏而不外越，则胸腹充而嗜欲省矣。』分：分散，分开。《易·系辞上》：『方以类聚，物以羣分，吉凶生矣。』《左传·文公十六年》：『楚子乘驲，会师于临品，分为二队。』《汉书·地理志上》：『陵

夷至于战国，天下分而为七。』《文心雕龙·原道》：『夫玄黄色杂，方圆体分。』。张预注曰：『敌形既见，我乃合众以临之；我形不彰，彼必分势以防备。』

我专为一，敌分为十，是以十攻其一也：『我专为一，敌分为十』，汉简本作『我专而为一，敌分而为十』；『以十攻其一』，汉简本作『以十击壹』。以十攻其一：指我军在局部上对敌拥有以十击一的绝对优势。攻：孙校本依《通典》、《御览》改为『共』，并谓作『攻』为『误』。『改「攻」为「共」固可，然谓作「攻」为「误」则非是。「攻」、「共」声同义通，故可互假。《书·甘誓》「左不攻于左，右不攻于右」，《墨子·明鬼》即作「左不共于左，右不共于右」，故可不改。』有理。

则我众而敌寡，能以众击寡者：武经本无『而』与『者』字，《通典》卷一五八所引『敌寡』作『敌寡者』，《通典》卷一五八、《御览》卷三一三所引『击』作『敌』。各本虽文字稍异，但意思大体相同，只有汉简本作『我寡而敌众，能以寡击（下缺）』，与各本意思恰好相反。《〈孙子〉会笺》中并存二说，认为：『依传本作「我众」、「敌寡」、「以众击寡」，承仁「以十攻其一」，文意贯下，自可通。唯详味简文，句首既无「则」字，则此句自不宜属上为读，而应属下为读，亦即此句非上节之结语，而为本节之首句。上节与本节所言，为两种情况。上节言「我专为一、敌分为十」、「以十攻其一」，即言我众敌寡，而本节则言我寡敌众。因属两种情况，文意并非一直贯下，故前后文意并无矛盾。简本注云：「简本之意似谓虽敌众而我寡，若能以十击一，则寡可胜众」，有理。以十击一，乃策略原则，此原则，无论敌我众寡如何，均应坚持。再，就整体而言，我虽寡弱，然若善于「形人而我无形」，能做到「我专而敌分」，亦同样可使吾之所与战者「约」而败之。查此节下文有云：「以吾度之，越人之兵虽多，亦奚益于胜哉」，又云：「敌虽众，可使无斗」，此皆明言我寡敌众，可视为此节文意之引伸；况孙子之世，较之楚、越，吴国亦确较弱小，故依汉简，或更符合孙子原意和当时情况。今两存之。』

则吾之所与战者，约矣：《通典》卷一五八、《御览》卷三一三所引作『则吾所与战者，约矣』。约：少，寡。杜牧注：『约，犹少也。』《战国策·楚策一》：『昔者先君灵王好小要，楚士约食，冯而能立，式而能起。』《汉书·文帝纪》：『汉兴，除秦烦苛，约法令，施德惠。』颜师古注：『约，省也。』《文心雕龙·宗经》：『辞约而旨丰，事近而喻远。』宋司马光《叙清河郡君》：『平居谨于财，不妄用，自奉甚约。』另一说认为『约』即『困屈』之意。『「约」：各家皆训「少」。按此虽通，然与下文「吾所与战者寡」文意重赘。「约」：《说文》：「束也」，《集韵》：「屈也」，《礼·坊记》「小人贫斯约」注：「约，犹穷也」，故「约」有困屈之意。《左传》定公四年「乘人以约」，即言乘其困屈。故「约」在此应为困屈而不能自如之意。』亦通。故两说均存之。

译文

所以，使敌人暴露它的形迹却不让敌人察明我军的真相，那么，我军的兵力就可以集中而敌人就势必要分散；我军集中在一处，敌人分散在十处，这就是以十攻一的态势，那么，我军就显得兵力多而敌人就显得兵力少了。我军能够用众多的兵力去攻打敌人寡少的兵力，那么同我军作战的敌人，就显得相对少了。

评点

毛泽东曾经说：『对于人，伤其十指不如断其一指；对于敌人，击溃其十个师，不如歼灭其一个师。』同时，他又认为：『集中兵力看来容易，实行颇难。人人皆知以多胜少是最好的办法，然而很多人不能做，相反地每每分散兵力，原因就在于指导者缺乏战略头脑，为复杂的环境所迷惑，因而被环境所支配，失掉自主能力，采取了应付主义。』毛泽东这里所说的，就是集中优势兵力打击敌人的思想，也就是《孙子》中的『以众击寡』。

中央苏区红军第一次反『围剿』中，就成功地运用了这一军事原则。1930年10月，蒋介石在湘、鄂、赣、闽等省陆续调集10万余人的兵力，任命江西省主席兼第九路军总指挥鲁涤平为『围剿』军总司令、第18师师长张辉瓒为前线总指挥，

气势汹汹地对中央苏区发动了第一次『围剿』。当时，红一方面军约4万余人，由总司令朱德、总前委书记兼总政委毛泽东领导和指挥。面对强大的敌人，从10月下旬起，中央苏区党内和红军内部，对于应该采取什么方针战胜敌人的问题发生了分歧。

红一方面军总前委通过对敌情的分析，经过多次讨论，终于在新喻县境的罗坊会议上通过了毛泽东的主张，即根据当时红军和苏区还不巩固和敌强我弱的形势，面对国民党军的大规模『围剿』，应当避免脱离苏区贸然攻打大城市的作法，而是应主动退却，将敌引进苏区内，红军依托苏区熟悉的地形和人民群众的支持配合等有利条件，发现和造成敌人的弱点，使敌我态势发生有利于我不利于敌的变化，然后集中兵力实施反攻，各个歼敌于运动之中。

12月初，红一方面军总部下达命令：『诱敌深入赤色区域，待其疲惫而消灭之』，命令分布在袁水流域的红军立即收拢，东渡赣江，向赣南苏区北部边境转移，使敌人在袁水流域与我主力决战的计划破灭。接着红军又向苏区中部转移，先后集结在黄陂、小布、洛口等地，隐蔽集结待机，抓紧临战训练，准备反攻。总前委12月下旬在小布召开苏区军民歼敌誓师大会的时候，毛泽东为大会写了一副对联：『敌进我退，敌驻我扰，敌疲我打，敌退我追，游击战里操胜算；大步进退，诱敌深入，集中兵力，各个击破，运动战中歼敌人。』这副对联生动地反映了红军所确立的反『围剿』作战的指导思想。

12月5日，国民党军队开始向袁水流域推进，扑空后又向赣江东岸逼进。12月初，蒋介石到南昌，召集党政军高级官员，举行『剿共军事会议』，亲自组织军队向赣西南苏区和毛泽东、朱德领导的红一方面军进攻，确定于中旬开始，各路『围剿』军以东固地区为合攻目标，分进合击。国民党军开始向中央苏区中心地区进攻，至28日，虽然进至富田、东固、源头、洛口等地，但找不到红军的主力进行决战。他们深入苏区腹地，已是疲惫不堪。

面对敌人的进攻，红一方面军总前委再次研究反『围剿』作战方案。鉴于国民党军『围剿』布势及战线过长，间隙过大，兵力分散，且『围剿』军均非蒋介石嫡系部队，派系复杂，难于协调等情况，毛泽东、朱德确定实行『中间突破』的战术，先打敌主力谭道源师或张辉瓒师，分敌为远距离的两群，以便各个击破。28日，鲁涤平令其深入苏区的5个师向红军发起总攻。其中张辉瓒率的第18师第52、第53旅和师直属队，于29日由东固孤军冒进龙冈。红一方面军总前委立即决定部队西进，首先歼灭深入龙冈的张辉瓒部。

龙冈是一个山区小圩镇，接近红军主力集中的地方，且群山环绕，中间是一条狭长的峡谷，宽处四五里，窄处仅一两百米，是红军设伏的好场所。红军利用地形掩护，悄悄地接近了敌人。30日凌晨，细雨浓雾，几十米外难看清人。张辉瓒率部由龙冈向五门岭推进，刚进到狭窄山路时，突然遭到设伏的红3军的迎头痛击。张辉瓒自恃兵力武器占优势，遂组织部队向红军阵地反扑。红3军顽强抗击，战斗十分激烈。下午3时，红军大部队及时赶到，隔绝了敌师与东固之敌的联系，切断了龙冈敌人向西北方向突围的道路，至16时，完成了对敌第18师主力的合围。红军发起总攻击令，顿时杀声震天，刀舞弹飞，敌人溃不成军，四处逃窜。红军利用熟悉的地形，勇猛穿插，全歼第18师师部和2个旅近1万人，活捉敌前线总指挥张辉瓒，缴获各种武器9000余件，子弹100万发，电台一部。红一方面军乘胜挥师东进，直取谭道元师。1931年1月3日晨，红军进抵东韶附近，向第50师发起进攻，经过激烈战斗，共歼该师3000余人，残敌逃回临川。红军缴获长短枪2000余支，子弹13万发，电台1部。5天之内，红军连打两个胜仗，胜利地打破了国民党军队的第一次『围剿』。

红军利用『以众击寡』的战术思想，成功打败了国民党军队的『围剿』。关于如何才能做到『以众击寡』，孙子提出了『形人而我无形』、『我专敌分』的思想。『形人而我无形』是成功做到避实击虚的一个关键。《草庐经略·虚实》中说：『善兵者，必使我常实而不虚，然后以我之实，击彼之虚，如破竹压卵，无不摧矣。虚实在敌，必审知之，然后能避实而击虚。虚实在我，

贵我能误敌，或虚示之以实，或实而示之以虚，或虚而虚之，使敌转疑我为实，或实而实之，使敌转疑我为虚。玄之又玄，令不可测，乖其所之，诱之无不来，动之无不从者，深知虚实之妙而巧投之也。』意思是说，善于用兵的人，应当使我方常处于实的状态而不要处于虚的状态，然后以我军的实攻击敌军的虚，就像剖分开竹子和压碎鸡蛋一样简单，就能够战无不克。敌人的虚实问题我们必须要能够摸清，然后才能做到避实击虚。而我方在虚实问题上所要做的，最主要的就是能够误导敌人，或者将虚伪装成实，或者将实伪装成虚；或者将虚伪装得更虚，使敌人发生怀疑，误认为我是实；或者将实伪装得更实，使敌人发生怀疑，误认为我是虚。虚实变化，深奥莫测，使敌人无法捉摸，使其行动产生错误，引诱它就没有不来上钩的，调动它就没有不来就范的，这就是深知虚实变化的奥妙而根据敌情不同的巧妙运用。总之，只有深刻了解虚实变化的原则，做到『形人而我无形』，才能使敌人防不胜防，分散兵力疲于应付，从而达到『我专而敌分』，造成我军局部上的优势，以集中兵力打击敌人。

吾所与战之地不可知，不可知，则敌所备者多；敌所备者多，则吾所与战者寡矣。故备前则后寡，备后则前寡，备左则右寡，备右则左寡，无所不备，则无所不寡。寡者，备人者也；众者，使人备己者也。

故知战之地，知战之日，则可千里而会战；不知战地，不知战日，则左不能救右，右不能救左，前不能救后，后不能救前。而况远者数十里，近者数里乎？

注释

吾所与战之地不可知：即我准备与敌作战的战场地点敌无从知晓。《御览》卷三一三所引『知』下有『也』字。

不可知，则敌所备者多；敌所备者多，则吾所与战者寡矣：汉简本作『则适（敌）之所备者多；所备者多，则所战者寡矣』。此句意为，我与敌欲战之地敌人既无从知晓，就不得不多方防备，这样，敌人兵力势必分散；敌人兵力既已分散，则我与交战之敌就相对较少且容易战胜了。曹操曰：『形藏敌疑，则分离其众以备我也。』李筌曰：『陈兵之地，不可令敌人知之；彼疑，则谓众离而备我也。』

故备前则后寡，备后则前寡，备左则右寡，备右则左寡：辛弃疾《九议》所引无『备后』和『备右』二句，汉简本此句仅存『备前……者右寡』，文前无『故』字，且缺文处空字不多，仅五字左右，或疑汉简本亦无此二句。

无所不备，则无所不寡：汉简本、《御览》卷三一三所引、《通典》卷一五八所引均作『无不备者无不寡』。此句意思是，如果处处设防，必然是处处兵力寡弱，处处陷入被动。

寡者，备人者也：言兵力之所以相对薄弱，是由于分兵备敌的缘故。

众者，使人备己者也：言己方兵力之所以占有相对优势，是因为迫使对方分兵备战的缘故。

故知战之地，知战之日，则可千里而会战：汉简本作『知战之日，知战之地，千里而战』，《通典》卷一五八、《御览》卷三一三所引作『故知战之地，知战之日，则千里而会战』。曹操曰：『以度量知空虚会战之日。』李筌曰：『知战之地，则舟车步骑之所便也。魏武以北土未案，舍鞍马，仗舟楫，与吴越争强，是以有黄盖之败。吴王濞驱吴楚之众，奔驰于梁郑之间，此不知战地日者。』孟氏注：『先知战地之形，又审战地之日，则可千里期会，先往以待之。』

不知战地，不知战日：汉简本作『不□□□日，不知战之地』，缺的三字应为『知战之』。

左不能救右，右不能救左，前不能救后，后不能救前：汉简本作『前不能救后，后不能救前，左不能救右，右不能救左』。

救：援救，支援。

而况远者数十里，近者数里乎：汉简本无『而』字，『况』作『皇』。曹允儒《孙子·握机纬》作『数十里』作『数千里』，易培基《杂说》亦谓『十』乃『千』之误，说：『数十里乌可言远也？』《孙子校释》和《〈孙子〉会笺》均认为『十』不可作『千』。『「数十里」非指赴战所行路程之远近；如指此，乌可言「不知战地、不知战日」哉？故「数里」、「数十里」乃指战阵间部伍兵力之分配部署，亦即所谓「前」、「后」、「左」、「右」之大体方圆。故此言如不知战地、战日，纵可千里赴战，亦必因被动接应而前后左右不能配合协同；近者数里尚且如此，况远者数十里乎？张注：「不知敌人何地会兵、何日接战，则所备者不专、所守者不固；忽遇劲敌，则仓遽而与之战，左右前后犹不相援，又况首尾相去之辽乎」，是，故作「数千里」者误。』况：何况，况且。《易·系辞上》：『出其言不善，则千里之外违之，况其迩者乎？』《汉书·司马迁传》：『且夫臧获婢妾犹能引决，况若仆之不得已乎！』北齐　颜之推《颜氏家训·兄弟》：『娣姒者，多争之地也，使骨肉居之，亦不若各归四海，感霜露而相思，伫日月之相望也。况以行路之人，处多争之地，能无闲者，鲜矣。』

译文

我军所要进行决战的地方敌人没有办法知道，敌人既然不可能知道，那么，它要设防的地方必然就多；它要设防的地方多，每一个地方能同我军打仗的敌人就少。所以，防备前面，后面的兵力就薄弱；防备后面，前面的兵力就薄弱；防备左翼，右翼就薄弱；防备右翼，左翼就薄弱；到处都设防，就到处都薄弱。造成兵力薄弱的原因就是被动地处处设防；形成兵力集中的优势就是因为使敌人被动地来防备我军。所以能判断出在什么地方打仗，在什么时间打仗，那么，就是远隔千里也可以去同敌人会战。如果不知道在什么地方打仗，在什么时间打仗，那么，就算左翼也不能救援右翼，右翼也不能救援左翼，前面也不能救援后面，后面也不能救援前面。更何况远者相隔数十里，近的也要相隔数里地呢！

评点

在军事斗争中，自己要集中优势兵力以打击敌人，同时还要使敌人不能有效地集结，从而处处防守而实际上处处空虚。为了达到这一目的，隐藏自己的动向，使敌人分兵设防是一条有效的途径。

楚汉战争中，项羽围刘邦于荥阳，汉将纪信采用诈降的办法，才使刘邦得以解围逃脱，回到了关中，刘邦打算再引兵东进，与项羽一决高下。袁生建议刘邦说：『汉与楚相峙荥阳数岁，汉常中困。愿君王出武关，项羽必引兵南走，王深壁，令荥阳、成皋闲且得休息。使韩信等平河北赵地，连燕、齐，君王乃复走荥阳，未晚也。如此，则楚所备者多，力分，汉将得休息，复与之战，破楚必矣。』汉与楚在荥阳相持不下好几年，汉军常陷于不利的因境。所以这次希望汉王刘邦派兵出武关，这样项羽一定率军南下，那时汉军只要加高壁垒，不出战，荥阳、成皋一带就能得以休息。然后再派韩信等去安抚河北赵地，把燕国、齐国连结起来，那时汉军再兵进荥阳也不晚。这样，由于楚军多方防备，力量分散，而汉军得到了休整，再跟楚军作战，打败楚军，就确定无疑了。刘邦听从了他的计策，出兵于宛县、叶县之间，与黥布一路行进，一路收集人马。项羽听说刘邦在宛县，果然率军南下。刘邦于是加固壁垒，不跟他交战。

三国时期，蜀先主刘备为了报关羽之仇，率兵东下伐吴。魏文帝曹丕听说刘备树栅连营七百余里的时候，对群臣说：『备不晓兵权，岂有七百里营可以拒敌者乎！「包原隰险阻而为军者，为敌所擒」，此兵忌。缓急不相救，一军溃则众必恐矣。』数日之后，果然如他所言，陆逊火烧连营，刘备大败，死于白帝城。

南北朝时期，梁将王僧辩、陈霸先攻打叛将侯景，陈军于张公洲，高旗巨舰，遏江蔽日，乘潮顺流，非常壮观。侯景登上南京城头观察敌人，看到这种阵势，忧虑地说：『彼军上有如堤之气，不可易也。』虽然力量悬殊，但他还是率铁骑万人，

呐喊而出，摆出一副决战的架势。陈霸先对王僧辩说：『善用兵者，如常山之蛇，首尾相应。贼今送死，欲为一战，我众彼寡，宜分其势。』王僧辩同意了他的主张。于是梁军以强弩攻其前，轻锐蹂其后，大军径冲其中，侯景于是大败而逃。

后魏末年，莫折后炽四出为害，原州人李贤率乡兵与泾州刺史史宁一起讨之。后炽列阵以待。李贤对史宁说：『贼聚结岁久，徒众甚多，数州之人，皆为其用。我若总为一阵并力击之，彼既同恶相济，理必总萃于我。势既不分，众寡莫敌。我便救首救尾，无以制之。今若令诸军分为数队，多设旗鼓，掎角而前，以胁诸栅；公别统精兵，直指后炽，按甲而待，莫与交锋。后炽欲前，则惮公之锐；诸栅欲出，则惧我疑兵。令其进不得战，退不得走，以候其懈，击之必破。后炽一败，则众栅不攻自拔矣。』史宁不从，结果屡战频败。李贤于是率数百骑，偷袭后炽的老巢，俘获其妻子、僮仆等五百余人，并缴获了大批辎重。这时后炽战胜了史宁，正想率军追赶，李贤突然杀出，于是不得不放弃追赶而与李贤接战，结果大败，后炽单骑遁走。

以吾度之，越人之兵虽多，亦奚益于胜败哉？故曰：胜可为也。敌虽众，可使无斗。故策之而知得失之计，作之而知动静之理，形之而知死生之地，角之而知有余不足之处。

注释

以吾度之：武经本、樱田本『吾』均作『吴』，张预认为：『「吾」字作「吴」，字之误也。』度：推断，推测，估计。《诗·小雅·巧言》：『他人有心，予忖度之。』《史记·项羽本纪》：『项王自度不能脱。』宋王安石《上富相公书》：『某窃自度，守一州尚不足以胜任，任有大于一州者，固知其不胜也。』越人之兵：一说为越国的军队，『越』指越国。如曹操曰：『越人相聚，纷然无知也。或曰：吴越，雠国也。』一说为『过人之兵』，『越』意为『过』。如李筌曰：『越，过也。不知战地及战日，兵虽过人，安能知其胜败乎？』

亦奚益于胜败哉：汉简本、武经本、樱田本均无『败』字。奚：疑问词，『何』，什么。《吕氏春秋·不屈》：『蝗螟，农夫得而杀之，奚故？为其害稼也。』宋陆游《老学庵笔记》卷十：『吾儿遇苏内翰知举不及第，它日尚奚望？』益：补益，帮助。《战国策·秦策二》：『于是出私金以益公赏。』姚宏注：『益，助也。』《旧唐书·郭子仪传》：『禄山闻思明败，乃以精兵益之。』胜可为也：汉简本作『胜可擅也』，《御览》卷三二二所引作『胜可知而不可为也』。为：造成，创造，争取。胜可为也，即言胜利可以积极造成。

敌虽众，可使无斗：汉简本『虽』作『唯』，无『使』字，『无』作『毋』，句末有『也』字。张预注曰：『分散其势，不得齐力同进，则焉能与我争。』无斗：指无法有效投入战斗。策：策度，筹算。《水经注·渭水一》：『青龙二年，诸葛亮出斜谷，司马懿屯渭南，雍州刺史郭淮策亮必争北原而屯，遂先据之，亮至，果不得上。』宋李石《续博物志》卷七：『鬻子名熊，楚人，为文王师，年九十见文王曰：「使臣捕兽逐麋已老矣，使臣坐策国事尚少也。」』明冯梦龙《智囊补·兵智·马隆》：『晋太始中，凉州刺史杨欣失羌戎之和，马隆策其必败，俄而欣战没。』

得失之计：一说为敌计之得失优劣。一说为优劣好坏之各种条件。作之而知动静之理：汉简本『作』作『绩』，《通典》卷一五〇、《御览》卷二九〇、《长短经·料敌》所引『作』均作『候』。作：兴起，此处指挑动。《易·系辞下》：『包牺氏没，神农氏作。』汉张衡《东京赋》：『坚冰作于履霜，寻木起于蘖栽。』宋王安石《送李宣叔倅漳州》诗：『山川郁雾毒，瘴疠春冬作。』动静之理：指敌人的活动规律。动静：情况。《六韬·动静》：『先战五日，发我远候往视其动静，审候其来，设伏而待之。』《明史·王崇古传》：『敌情不可得，而军中动静敌辄知。』

形之而知死生之地：形：显露，这里引申为侦查。一说形之之示敌以伪形。死生之地：指敌之优势所在或薄弱环节、致命环节。角之而知有余不足之处：《通典》卷一五〇、《御览》卷二九〇作『角之而知不足有余之处』。角：音jué，量、较量。

曹操曰：『角，量也。』《汉书·东方朔传》：『（董君）常从游戏北宫，驰逐平乐，观鸡鞠之会，角狗马之足。』颜师古注：『角犹校也。』宋赵彦卫《云麓漫钞》卷七：『别置亲随军谓之背嵬，悉于四等人内角其优者补之。』有余：指充足。这里指充实、强大之处。《诗·小雅·都人士》：『匪伊垂之，带则有余。』《文心雕龙·封禅》：『事核理举，华不足而实有余矣。』不足：不充足，不够，这里指空虚、软弱之处。《荀子·礼论》：『断长续短，损有余，益不足，达爱敬之文，而滋成行义之美者也。』此言要通过对敌作试探性较量，来掌握敌人虚实强弱情况。

译文

据我推测：越国的兵力尽管多，但又于打胜仗有何帮助呢？所以说：胜利是可以通过努力而造成的。敌人的兵力尽管多，但可以使它无法有效同我较量。所以，精确而详审地去估计敌情，以求能够推知它作战计划的优劣；用诳诱调动一下敌人，以求能够了解它活动的规律；侦查一下敌人的基本情况，以求能够了解它哪里有优势哪里薄弱；与敌进行一下小的较量，以求能够理解它的虚实情况。

评点

孙子的虚实思想包含着极其丰富的内容，既包括使己实使敌虚、避实击虚，又包括隐藏自己的虚实、察敌虚实、通过各种手段使敌暴露虚实等等。察敌虚实而后战是战争的基本法则，现仅以《通典》卷一五〇所引的几个战例来作为史证。

春秋时，秦、晋战于羁马，交绥。秦行人夜戒晋师曰：『两君之士皆未憖也，明日请相见也。』晋大夫臾骈曰：『使者目动而言肆，惧我也。将遁矣。薄诸河，必败之。』晋禅将胥甲、赵穿当军门呼曰：『死伤未收而弃之，不惠也。不待期而薄人于隘，无勇也。』乃止。秦师果夜遁。

春秋时，晋师伐齐。齐侯畏众，齐师夜遁。师旷曰：『乌乌之声乐，齐师其遁。』邢伯曰：『有班马之声，齐师其遁。』叔向曰：『城上有乌，齐师其遁。』

春秋时，晋师伐楚，将战，楚子登巢车，以观晋军。楚将子重使大宰伯州黎侍于王后。王曰：『骋而左右，何也？』曰：『召军吏也。』『皆聚于中军矣』。曰：『合谋也。』『张幕矣』。曰：『虔卜于先君也。』『撤幕矣』。曰：『将发命也。』『甚嚣，且尘上矣。』曰：『将塞井夷灶而为行也。』『皆乘矣，左右执兵而下矣』。曰：『听誓也。』『战乎？』曰：『未可知也。』『乘而左右皆下矣』。曰：『战祷也。』竟败楚于鄢陵。

东晋末，宋武帝自京口举义兵讨桓玄，玄将桓谦屯于东陵，卞范之屯覆舟山西以拒之。宋武疑贼有伏兵，谓小将刘钟曰：『此山下当有伏兵，卿可率部下指往摸之。』钟应声驰进，果有伏兵数百，一时奔走。

宋雍州刺史袁顗举兵反，沿流入鹊尾，与官军相持既久，官军主张兴世越鹊尾上据钱溪，顗将刘胡攻之，不下，遣人传唱钱溪已平，官军之众并惧，宋将沉攸之曰：『不然。若钱溪实败，万人中要应有逃亡得还者。必是彼战失利，唱空声以惑众耳。』勒军中不得辄动。钱溪信寻至，果大破贼。攸之悉以钱溪所送胡军耳鼻示之，顗骇惧，急追胡还，遂溃之。

后魏将司马楚之讨蠕蠕，蠕蠕潜遣奸觇，入楚之军，截驴耳而去。有告失驴耳者，诸将莫能察。楚之曰：『必是觇贼截之以为验，贼将至矣。』即使军人伐柳为城，水灌令冻，城立而贼至。冰峻城固，不可攻逼，贼乃走散。

西魏将韩果性强记，兼有权略，所行之处，山川形势，辄能记忆，兼善伺敌虚实，揣知情状。有潜匿溪谷为闲侦者，果登高视之，所疑之处，往必有获。

周武帝帅师攻围高齐，后主将兵十万自来援之。时柱国、陈王纯屯千里径，大将军、永昌公椿屯鸡栖原，大将军宇文盛

守汾水关，并受齐王宪节度。宪密谓椿曰：『兵者诡道，去留不定，见机而作，不得遵常。汝今为营，不须张幕，可伐柏为庵，示有形势。令兵去之后，贼犹致疑也。』时齐主分军万人向千里径，又令其众出汾水关，自率大兵与椿对阵。宇文盛驰骑告急，宪自以千骑救之。齐人睹谷中尘起，相率遽退。盛与柱国侯莫陈芮涉汾逐之，多有斩获。俄而椿告齐众稍逼，宪又回军赴之。会椿被敕追还，率兵夜返。齐人果谓柏庵为帐幕也，不疑军退，翌日始悟。

后汉末，刘备遣将吴兰屯下邳，曹公遣曹洪征之。备遣张飞屯固山，欲断军后。众议狐疑，洪曰：『贼实断道者，当伏兵潜行，今反张声，此其不能也。宜及其未集，促击兰，兰破，则飞自走。』集兵击兰，大破之，飞果走。

东晋末，宋武帝率兵北伐，围南燕慕容超于广固，未下。时后秦姚兴遣使告宋武云：『慕容见与邻好，又以穷告急，今当遣铁骑十万，径据洛阳。晋军若不退者，便当长驱而进。』宋武呼兴使答曰：『语汝姚兴，我定燕之后，息甲三年，当平关、洛。今能自送，便可速来。』刘穆之闻兴使，驰入，而宋武发遣已去。以兴所言并答，具语穆之。穆之曰：『常日事无大小，必赐与谋。此宜善详，云何率尔便答。未能威敌，正促彼怒耳。若燕未可拔，兴救奄至，不审何以待之？』宋武笑曰：『此是兵机，非卿所解，故不语耳。夫兵贵神速，彼若审能遣救，必畏我知，宁容先遣信命。此是其见我伐燕，内已怀惧，自强之辞耳。』兴竟不能出师。广固终拔，擒慕容超，平齐地。

故形兵之极，至于无形。无形，则深间不能窥，智者不能谋。因形而错胜于众，众不能知。人皆知我所以胜之形，而莫知吾所以制胜之形。故其战胜不复，而应形于无穷。

注释

故形兵之极，至于无形：汉简本无『故』字，《御览》卷三二二所引『形兵』作『兵形』。形兵，指军队部署过程中的伪装佯动。极：最高的状态。《易·系辞上》：『六爻之动，三极之道也。』高亨注：『屋上最高之梁称极，引申为至高之义……天地人乃宇宙万类之至高者。』《史记·礼书》：『天者，高之极也；地者，下之极也；日月者，明之极也。』南朝宋刘义庆《世说新语·文学》：『不知便可登峯造极不？』宋陆游《何君墓表》：『大抵诗欲工，而工非诗之极也。』《吕氏春秋·大乐》：『天地车轮，终则复始，极则复反，莫不咸当。』《史记·李斯列传》：『物极则衰，吾未知所税驾也。』《文心雕龙·通变》：『夫夸张声貌，至汉初已极。』清朱锡《幽梦续影》：『果之妙至荔枝而极，枝之妙至杨柳而极，叶之妙至贝多而极，花之妙至兰蕙而极。』

深间不能窥，智者不能谋：汉简本『不』均作『弗』，『窥』作『规』，『智』作『知』，句末有『也』字。《御览》卷三二二所引『间』作『渊』。间：间谍。《汉书·傅介子传》：『楼兰王安归尝为匈奴间，候遮汉使者。』颜师古注：『言为匈奴之间而候伺。』深间，指深藏的间谍。窥：刺探，窥视。《礼记·少仪》：『不窥密，不旁狎，不道旧故。』郑玄注：『嫌伺人之私也。密，隐曲处也。』《孟子·滕文公下》：『钻穴隙相窥，踰墙相从，则父母国人皆贱之。』《汉书·司马相如传上》：『及饮，卓氏弄琴，文君窃从户窥，心说而好之，恐不得当也。』南朝梁沈约《齐故安陆昭王碑文》：『北狄惧威，关塞谧静。侦谍不敢东窥，驼马不敢南牧。』示形佯动达到最高境界，则敌之深间也无从推测底细，聪明的敌人也束手无策。

因形而错胜于众：错：武经本作『措』，《长短经·变通》所引作『作』。因：由，依据。《韩非子·外储说左上》：『法者，见功而与赏，因能而授官。』因形，即根据敌情而灵活应变。错：同『措』，放置、安置之意。《易·系辞上》：『藉用白茅，无咎。子曰：「苟错诸地而可矣，藉之用茅，何咎之有。」』孔颖达疏：『错，置也。』《楚辞·离骚》：『固时俗之工巧兮，

偭规矩而改错。』王逸注：『错，置也。』洪兴祖补注：『错，音措。』宋欧阳修《与韩忠献王书》：『乃蒙不鄙，以之刻石，得子履钜笔，错之佳处。』

人皆知我所以胜之形：《孙子校释》认为，『所以胜之形』应为『所胜之形』，『「人皆知我所胜之形，而莫知我所以制胜之形」，即言人皆知我胜敌之状，而莫知我所以克敌制胜之理。故下句「所」下「以」字不可无，而此句「所」下「以」字不可有，上下若均言「所以」，则逻辑层次浑然不明矣。故以无「以」字为是。』有理，存之。

而莫知吾所以制胜之形：可是无从得知如何克敌取胜的内在奥妙。曹操曰：『不以一形胜万形。或曰：不备知也。制胜者，人皆知吾所以胜，莫知吾因敌形而制胜也。』李筌曰：『战胜，人知之；制胜之法幽密，人莫知。』梅尧臣曰：『知得胜之迹而不知作胜之象。』张预曰：『立胜之迹人皆知之，但莫测吾因敌形而制此胜也。』

故其战胜不复，而应形于无穷：《御览》卷三二二作『故兵战胜不复，而应形无穷』。复：重复。曹操注：『不重复动而应之也。』李筌曰：『不复前谋以取胜，随宜制变。』另，三国魏嵇康《琴赋》：『是故复之而不足，则吟咏以肆志；吟咏之不足，则寄言以广意。』宋王安石《和景纯十四丈三绝》之三：『藏春花木望中迷，水复山长道阻跻。』应：适应。《庄子·马蹄》：『曲者中钩，直者应绳。』南朝梁江淹《丽色赋》：『言必入媚，动必应规。』宋曾巩《光禄少卿晁公墓志铭》：『闾丘夫人为身治家皆应仪度。』明唐寅《筠隐记》：『筠之为物也，其圆应规，其直应矩。』形：形状，形态，客观情形。此处特指敌情。

译文

所以佯装伪动运用假象迷惑敌人的用兵方法做到极点，就看不出虚实的形迹；既然看不出虚实的形迹，那么即使有深藏的间谍也窥探不出我军的虚实，聪明的敌人也想不出对付我军的办法来。根据敌形而灵活运用战术所取得的胜利，尽管把胜利摆在众人面前，众人也还是看不出其中的奥妙；一般人只知道我军战胜敌人的情形，却没有人知道我军所以克敌制胜的内在原因。所以每次战胜都是用不重复的战法，而是随着敌情的变化而变化无穷。

评点

在战争中，要善于掩藏自己的真实实力和动机，一边积蓄力量，在时机成熟时一举击败对手。这一战术原则在军事斗争中屡屡被采用，在政治斗争等其它领域，此类事例也屡见不鲜。

顺治皇帝去世时，因为康熙皇帝年龄还小，所以遗诏要索尼、苏克萨哈、遏必隆和鳌拜等四位大臣辅政，协助处理国家大事，稳定朝中的局面。

四位辅政大臣中，鳌拜虽然列于最后，但实际上最有实权。当时，索尼已经年老，虽列首位，但不能制约他人；遏必隆怯弱，追随依附鳌拜；苏克萨哈资历浅、威望轻，虽有心与鳌拜争权，但力不从心。鳌拜自以为战功最多，专横跋扈，言行无所顾忌，上欺幼帝康熙，下压朝中文武，军国大事由他一人独断，广植私党，残害异己。就连康熙也怨声叹道，鳌拜『上违君父生托，下则残害生民，种种劣迹，难以枚举。』决心除掉他。

康熙即位时年仅8岁，但他十分聪明，对朝中的各种事情看得很清楚。他知道，鳌拜遍植党羽，控制着朝中大权，如果自己表现得聪明睿智，就可能引起鳌拜的不安，甚至有生命危险。只有故作软弱，麻痹鳌拜，使他放松警惕，自己才能在暗中积蓄力量，等待时机，铲除鳌拜。

1667年，康熙已经14岁，依照规定，应当可以开始亲政了。这时候，他对鳌拜采取欲擒故纵的计策，给鳌拜父子分别加封为『一等公』、『二等公』，以后又分别加了『太师』、『少师』的封号。

然而，对于康熙来说，加封鳌拜父子仅仅是一时的权宜之计，不过是一种假象。玄烨是不甘作傀儡皇帝的。到1669年，

鳌拜自恃位高权重，经常借口有病不上朝。玄烨就亲自去探望他，有一次，御前侍卫发现鳌拜神色反常，便迅速走到鳌拜床前，揭开席子发现一把匕首，鳌拜见此情景十分紧张，玄烨却故作天真，装做若无其事地笑笑说：『刀不离身是满人的习惯，不值得大惊小怪！』当场稳住了鳌拜。

在对待鳌拜的问题上，康熙表现出很大的忍耐心。有时候，还做出一些出色的表演，以显示自己无能。

其中，最典型的一件事就是『圈地事件』。

圈地制度源于入关前太祖、太宗把战争中掠夺的土地、人口分给王公贵族的惯例。诸王、勋臣、兵丁任意圈占，圈到哪里，田主被逐出，就连室内的所有物品，都被圈地者抢占。这种制度不利于经济的发展及社会的稳定，破坏了农业生产的正常进行。

顺治四年，清政府就下令废止圈地制度。

多尔衮摄政时，曾把镶黄旗应分得的土地，给了正白旗，把保定、涿州等地较为贫瘠的土地分给了镶黄旗。现在镶黄旗的鳌拜掌权，不顾禁令，要求将两旗土地重新更换过来。

鳌拜这种倒行逆施的行为，不得人心。辅政大臣苏克萨哈、户部尚书苏纳海、直隶总督朱昌祚、保定巡抚王登联等大臣都认为这样做违反禁令，就是鳌拜所在的镶黄旗的旗民也不愿意离开生活了二十多年的故地。

但是，鳌拜不顾大家的反对，倚仗权势，强行换地，结果使大批人民失去土地，生活无着，很多土地被抛弃撂荒。

负责圈换土地的户部尚书苏纳海和朱昌祚、王登联因反对换地，引起鳌拜不满。鳌拜决心拔掉这几颗眼中钉，就对康熙说，这几个人『阻挠国事，统是目无君上，照例应一律处斩。』康熙于是在征求了其他辅政大臣的意见后，将三人交刑部议罪。

鳌拜又矫旨将苏、朱、王三人斩首。

苏、朱、王三人是忠臣，他们的意见正确，康熙帝对此是知道的。但此时鳌拜势力大，不能与他反目，只能强忍，使忠臣含冤。

在对待苏克萨哈的问题上，康熙同样采取了故示暗弱的策略。

索尼死后，遏必隆追随鳌拜，四大辅臣中只有苏克萨哈与鳌拜政见不合。鳌拜决心整倒苏克萨哈。

为了达到目的，鳌拜首先到议政王处活动。当时议政王中，以康亲王杰书威望较高，但他对鳌拜也非常惧怕。鳌拜见了杰书，要他听自己的命令办事，康亲王杰书唯唯听命，马上给皇帝写了奏书。在奏书中，杰韦写道：苏克萨哈身为辅政大臣，却欺藐主上，心怀奸诈，存蓄异心，按律应将官职尽行革去，凌迟处死，株连九族。

按清朝惯例，凌迟处死，是大逆不道的处分，苏克萨哈有何罪可以凌迟处死，并且还要灭族呢？

康熙帝看了，十分惊异，他召康亲王杰书及遏必隆、鳌拜等人入内计议。康熙帝表示不准奏。鳌拜大怒，攘臂向前，欲以老拳相向。康熙吓得惊恐失色，便支吾道：『就是要办他，也不应凌迟处死。』

鳌拜说：『即使不凌迟，也应斩首。』

康熙帝战栗不答，杰书同遏必隆参而未议，最后定了绞决。

这是一次很好的表演，鳌拜看康熙帝如此软弱无能，吓得惊恐失色，浑身战栗，觉得这个少年太容易控制了。因此使康熙帝生命受威胁的危险性小了。

按理说，像康熙帝这样的人，看惯了上层斗争的刀光血影，即使鳌拜攘臂向前，他也不会惊恐失色。只能说明，为了除掉鳌拜，他早已做好了准备，胸有成竹。

事实正是如此，不久，康熙帝就加封鳌拜为一等公，鳌拜更加放心了。康熙的计谋取得了成功，上上下下都认为康熙太软弱，

难以与鳌拜抗衡。

康熙知道，如今政权已被鳌拜控制，御林军也被鳌拜掌握，因此，康熙必须慎重。于是，他从侍卫中选取了一批身强力壮者，以练习摔跤的名义组织了一支能为皇帝拼死效忠的少年亲信卫队，每天在宫中进行练习，在鳌拜入朝奏事时也不回避。鳌拜不但没有起疑心，反而认为康熙贪玩，没什么大志，心里更加坦然，不加戒备了。

康熙八年的一天，康熙以下棋为名，召索尼的儿子吏部侍郎索额图入宫，谋划擒拿鳌拜之计。这时，练习摔跤的侍卫武艺日渐进步，已有足够的力量擒拿鳌拜。

于是，康熙帝单独召鳌拜入见，事先已将侍卫埋伏在两侧。

鳌拜毫无戒备，欣然前往，到了内廷，见了康熙皇帝，依然挺胸昂头，盛气凌人地走到康熙帝面前。

康熙厉声喝道：「左右与我拿下！」

一班少年侍卫一拥而上，将鳌拜擒获，押入大狱。

皇帝命康亲王杰书等勘问，列出鳌拜主要罪行三十款，并经康熙帝亲自过问，逐一落实。朝廷大臣议决应将鳌拜及其亲子兄弟革职，立斩，妻并孙为奴，家产籍没，其族人有官职及在护军者，均应遣退，各鞭一百。康熙帝则考虑到，鳌拜是顾命辅臣，且有战功又效力多年，不忍加诛。最后定为革职没籍，与其子俱予终身禁锢，后来鳌拜死于狱中，儿子纳穆福获释放。

《鬼谷子》中说：要想排挤一个人，就要先纵容他为所欲为，然后再擒之灭之。分析康熙与鳌拜的较量我们可以发现：鳌拜虽出身将门，青年时代即驰骋沙场，技艺超群，勇武善战，多有战功，但他的确只不过是一介武夫，并不善于政治斗争。往往武夫出身的人，比较直爽，敢做敢为，但缺乏计谋，鳌拜正是这样的人。以他当时的势力，除去康熙易如反掌，但他没

有这样做，他根本没把康熙放在眼里。与鳌拜相比，康熙少年天子，拼枪拼刀都不如鳌拜，鳌拜辅政八年，树大根深，要除掉他实在不易。中国传统哲学讲究以柔克刚，康熙正是利用这一道理。他利用自己年少，故意表现出好玩，政事无主见，胆怯等弱点，对鳌拜一再退让，以消除他的戒心，鳌拜果然上当受骗。

在现实生活中，想做一件事情而对手实力又太强时，先采取避让的方式，韬光养晦，不要「打草惊蛇」，等到自己羽翼丰满时再一鼓作气，是最保险，也是最有效的一种方法。

夫兵形象水。水之形，避高而趋下；兵之形，避实而击虚。水因地而制流，兵因敌而制胜。故兵无常势，水无常形，能因敌变化而取胜者，谓之神。故五行无常胜，四时无常位，日有短长，月有死生。

注释

兵形象水：《通典》卷一五八作「兵之形象水」，意思是用兵的规律与水的运动规律相似。兵形：用兵打仗的方式方法，可理解为用兵的规律。水之形，避高而趋下：「水之形」，汉简本作「水行」，《群书治要》卷三三、《通典》卷一五八、《御览》卷二七〇所引均作「水之行也」。《孙子校释》和《〈孙子〉会笺》均认为作「水之行」义长。「水之形」也可通，指水的运动规律。「避高而趋下」，汉简本无「而」字，「趋」作「走」，《通典》卷一五八、《御览》卷二七〇所引「趋」作「就」。兵之形，避实而击虚：汉简本作「兵胜避实击虚」，《通典》卷一五八所引作「兵之形也，避实而击虚」。即言用兵的原则是避开敌人坚实之处，攻击其空虚薄弱的地方。

水因地而制流，兵因敌而制胜：「制流」，汉简本及《文选》注、《群书治要》卷三三所引作「制行」，《通典》卷

一五八、卷一六一及《御览》卷二七〇所引均作『制形』。李筌曰：『不因敌之势，吾何以制哉？夫轻兵不能持久，守之必败；重兵挑之必胜。』兵无常势，水无常形：汉简本作『兵无成埶（势），无恒刑（形）』。汉简整理小组校注云：『恒字，传本皆作常，疑汉人避文帝刘恒名所改（西汉人避讳不严，故简本抄写时代虽当在文帝之后，但恒字未改）。简本无恒字，形上无水字，各本皆有。按此处下文云：能与敌化之胃神，专就军事而言，水字似不当有。』此说有理。势：态势。常：固定不变的。《左传·昭公元年》：『疆埸之邑，一彼一此，何常之有？』《庄子·齐物论》：『言未始有常。』郭象注：『彼此言之，故是非无定。』魏源《圣武记》卷七：『国家经费有常，而顽苗叛服无定。』《书·咸有一德》：『天难谌，命靡常。常厥德，保厥位。』李白《长干行》：『常存抱柱信，岂上望夫台？』恒：也是长久不变的意思。《易·恒》：『《彖》曰：恒，久也。刚上而柔下。』《文心雕龙·物色》：『物有恒姿，而思无定检。』《水经注·文水》：『津渠隐没，而不恒流。』常势（恒势）：固定永恒的态势。常形：一成不变的形态。

能因敌变化而取胜者，谓之神：汉简本作『能与敌化之胃（谓）神』，《群书治要》卷三三、《御览》卷二七〇『因』亦作『与』，《通典》卷一六一『因』作『随』。神：甚妙，高明。故五行无常胜：汉简本无『故』字，『常』作『恒』。《御览》卷二七〇所引『五行』作『五常』。五行：木、火、土、金、水，我国古代称构成各种物质的五种元素，古人常以此说明宇宙万物的起源和变化。《书·甘誓》：『有扈氏威侮五行，怠弃三正。』孔颖达疏：『五行，水、火、金、木、土也。』《孔子家语·五帝》：『天有五行，水、火、金、木、土，分时化育，以成万物。』清厉鹗《东城杂记·备万斋》：『且人也，同得阴阳五行之气以成形也。』古代的五行学说认为这五种元素彼此相生又相克：木生火，火生土，土生金，金生水，水生木；金克木，木克土，土克水，水克火，火克金。

四时无常位：汉简本『位』作『立』。四时：指春夏秋冬四季。常位：指固定的位置。这句话是说春、夏、秋、冬四季推移变换永无止息。日有长短，月有死生：汉简本『死生』下有『神要』二字，《通典》卷一六一所引『死生』作『生死』。日：指白昼。死生：指盈亏和消长。曹操曰：『兵常无势，盈缩随敌。』李筌曰：『日月者，周天三百六十五度四分度之一。百刻者，春秋二分则日夜均，夏至之日昼六十刻、夜四十刻，冬至之日昼四十刻、夜六十刻，长短不均也。月初为朔，八日为上弦，十五日为望，二十四日为下弦，三十日为晦，则死生义也。孙子以为五行、四时、日月盈缩无常，况于兵之形变，安常定也？』梅尧臣曰：『皆所以象兵之随敌也。』

译文

用兵的规律有似流水的规律。流水的规律，是避开高处而向低处奔流；用兵的规律，是避开敌人坚实的地方而攻击敌人的空虚之处。流水因地形而制约它奔流的方向；战斗因敌情来决定不同的作战方式。所以，用兵作战没有常久不变的战场态势，就如同流水没有常久不变的形态。能根据敌情变化而取胜的，才称得上高明。所以五行相生相克，没有哪一种元素会永远常胜；四时相互更代，也没有哪一个季节常住不移。白天有短也有长，月亮有缺也有圆。

评点

『兵无常势，水无常形』，这一军事斗争的基本规律，也是军事行动必须要遵守的原则。世界上的万事万物都是在不断变化的，在瞬息万变、生死攸关的战场上更是如此。《孙子兵法》中的许多思想和原则中都贯穿着这一认识，入『奇正』、『虚实』等等。我国古代许多优秀的军事指挥员，正是因为认识到这条规律和恰当地运用了这一原则，所以取得了军事斗争的胜利。

《史记·吴王濞列传》记载：汉景帝时，吴王刘濞等七国叛乱，条侯周亚夫奉命征剿。条侯将乘六乘船，会兵荥阳。至雒阳，见剧孟，喜曰：『七国反，吾乘船到此，不自意全。又以为诸侯已得剧孟，剧孟今无动。吾据荥阳，以东无足忧者。』至淮阳，

问父绛侯故客邓都尉曰：『策安出？』客曰：『吴兵锐甚，难与争锋。楚兵轻，不能久。方今为将军计，莫若引兵东北壁昌邑，以梁委吴，吴必尽锐攻之。将军深沟高垒，使轻兵绝淮泗口，塞吴饷道。彼吴梁相敝而粮食竭，乃以全强制其罢极，破吴必矣。』条侯曰：『善。』从其策，遂坚壁昌邑南，轻兵绝吴饷道。

『初，吴王之度淮，与楚王遂西败棘壁，乘胜前，锐甚。梁孝王恐，遣六将军击吴，又败梁两将，士卒皆还走梁。梁数使使报条侯求救，条侯不许。又使使恶条侯于上，上使人告条侯救梁，复守便宜不行。梁使韩安国及楚死事相弟张羽为将军，乃得颇败吴兵。吴兵欲西，梁城守坚，不敢西，即走条侯军，会下邑。欲战，条侯壁，不肯战。吴粮绝，卒饥，数挑战，遂夜奔条侯壁，惊东南。条侯使备西北，果从西北入。吴大败，士卒多饥死，乃畔散。于是吴王乃与其麾下壮士数千人夜亡去，度江走丹徒，保东越。东越兵可万余人，乃使人收聚亡卒。汉使人以利啗东越，东越即绐吴王，吴王出劳军，即使人见杀吴王，盛其头，驰传以闻。吴王子子华、子驹亡走闽越。吴王之弃其军亡也，军遂溃，往往稍降太尉、梁军。楚王戊军败，自杀。』

周亚夫可谓深刻领悟了『兵无常势』的道理。他到荥阳会兵的时候，在洛阳见到了剧孟，高兴地说：『七国反叛，我乘轻车来到这里，没想到这样安全。我还以为诸侯已经得到了剧孟，结果剧孟今天还没动。这样看来，我据守荥阳，荥阳以东就没有担忧的人了。』到了淮阳的时候，他又见到了他的父亲绛侯周勃过去的门客邓都尉，于是向他请教。门客说：『吴国的军队锐气很盛，难以和他争锋。楚军轻佻，不能持久，现在在我看来，将军您所能做的，没有比率兵向东北坚守昌邑更好的策略了。你把梁国放弃，吴军就一定会用全部精锐部队去攻打它。这样，将军您就深沟高垒，派轻兵去断绝淮泗口，堵塞吴军的粮道。吴、梁两军都疲惫而且粮食也有用完的时候，您就用全部军力来对付他们疲惫的军队，这样一定会打败吴军。』周亚夫于是按照他的计策，坚守在昌邑以南，派轻兵去切断吴军的粮道。

吴王刘濞渡过淮河与楚王西进攻破了棘壁，又乘胜前进，锐不可挡。梁孝王感到非常恐惧，派出六个将军去迎击吴军。结果两个将军被击溃，士兵们逃回梁地。梁王不得不多次派遣使者向周亚夫求救，但周亚夫始终按兵不动。梁王以为周亚夫故意见死不救，就派人到皇帝那里说他的坏话，汉景帝派人去催促周亚夫援救梁国，周亚夫仍然坚守有利位置而不出兵。吴军在梁地没有占到便宜，打算西进，在下邑与周亚夫所部相会。吴军断绝了粮源，士兵们饥饿，所以想速战速决，多次挑战，周亚夫就是不应战。

刘濞没有办法，只得偷营。他们乘夜间奔向汉营，在东南面骚扰。其实，刘濞采取了声东击西的战略，他表面上以大批部队进攻汉军营垒的东南面，实际上将最精锐的军队埋伏下来准备攻击壁垒的西北面，想等周亚夫为了加强东南面的守御而使西北面露出空档时，一举从西北攻入。但是，周亚夫识破了刘濞的计策，当吴军猛烈攻击东南面的时候，他不但不增兵，反而把主力全调到西北。吴军果然从西北攻进来，由于周亚夫已经做好了准备，吴军大败。刘濞带着儿子和几千亲兵逃往东越，不久就被东越王设计杀死。周亚夫乘胜进兵，把楚王、胶西王、胶东王、淄川王、济南王和越王一一打败，『七国之乱』被彻底平定了。

第七章 军争篇

孙子曰：凡用兵之法，将受命于君，合军聚众，交和而舍，莫难于军争。军争之难者，以迂为直，以患为利。故迂其途，而诱之以利，后人发，先人至，此知迂直之计者也。

注释

凡用兵之法，将受命于君，合军聚众，交和而舍：《御览》卷三〇六所引「和」作「利」，《通典》卷一五四所引无「将受命于君，合军聚众，交和而舍」三句。受命：指接受任务、命令，特指受君主之命。《仪礼·士冠》：「筮人执筴抽上韇，兼执之，进受命于主人。」朱熹集注：「受命，听命于人也。」《孟子·离娄上》：「齐景公曰：『既不能令，又不受命，是绝物也。』」《左传·襄公二十七年》：「石恶将会宋之盟，受命而出。」《史记·项羽本纪》：「吾与项羽俱北面受命怀王，曰『约为兄弟』。」宋王安石《上相府书》：「伏惟阁下方以古之道治天下，而某之不肖，幸以此时窃官于朝，受命佐州。」明张纶《林泉随笔》：「王魏为东宫之臣，受命于高祖也。」合：会集，聚合。《易·噬嗑》：「刚柔分，动而明，雷电合而章。」《国语·楚语下》：「于是乎合其州乡朋友婚姻，比尔兄弟亲戚。」韦昭注：「合，会也。」北魏郦道元《水经注·江水三》：「大江又东，左合子夏口。」宋苏辙《龙川别志》卷下：「五更，市方合而雨作，入五局观避之。」合军聚众：聚合军队，召集人马。交：两者相接触。《易·泰》：「天地交而万物通也。」孔颖达疏：「由天地气交而生养万物。」《左传·成公九年》：「兵交，使在其间可也。」和：一般旧注都认为是军门，而《〈孙子〉会笺》中认为不然。「历来各家多谓指『军门』，按此说未安。《韩非子·外储说左上》：『李悝警其两和曰：谨警敌人，旦暮且至击汝。如是者再三，而敌人不至，两和懈怠，不信李悝。』又云：「李悝与秦人战，谓左和曰：速上，右和已上矣。又驰而至右和曰：左和已上矣。左右和曰：上矣。于是皆争上。」此处所谓「和」即非指军门。《周礼·夏官》：「以旌为左右和之门」郑注：「军门曰和。《国策·燕策》：齐、韩、魏攻燕，楚王使景阳将而救之。……景阳乃开西和门。」按以旌为左右和之门，可称之谓「和门」，西和之门自可称「西和门」。然左、右、东、西和之门，则未可直称为「和」。上《周礼·夏官》孙诒让引惠士奇说云：「军垒有左右和也。和者壁垒之名，因于其垒立旌门，是为左右和之门。……树旌为和门，因谓其旌为和旌矣。」是「和」非指军门，而实系军垒甚明。又，上引《韩非子》陈其猷《集释》与梁启雄《浅解》均谓「两和」指军之两翼。故以「军门」为说者非是。」「和」在古代可指营垒，亦可指军门。曹操曰：「军门为和门，左右门为旗门，以车为营曰辕门，以人为营曰人门。」杜注、张注、何注等亦以军门为「和」。除上述《周礼》郑注外，《文选·潘岳〈西征赋〉》：「明戎政之果毅，距华盖于垒和。」李善注也是：「和，军营之正门也。」可见，「和」即可指军门，也可指营垒或军之一翼。李筌注：「交间和杂也。」非是。交合：指两军相对。曹操曰：「两军相对为交和。」舍：古代行军以三十里为一舍。《左传·僖公二十八年》：「微楚之惠不及此，退三舍辟之，所以报也。」杜预注：「一舍，三十里。」《新五代史·杂传十二·王峻》：「峻军去晋州一舍，旻闻周兵大至，即解去。」因军行「三十里有宿」（《周礼·地官》），所以古称又称军队住宿一夜为舍。《左传·庄公三年》：「凡师，一宿为舍，再宿为信，过信为次。」「舍」在这里即为止、止宿之意。交和而舍：指在两军对垒的状态下扎营而处。

莫难于军争：军争，指两军相对而争取战争的有利条件和致胜的主动权。曹操曰：「从始受命，至于交和，军争为难也。」张预曰：「与人相对而争利，天下之至难也。」以迂为直：迂：迂回，曲折。《史记·河渠书》「北渡迂兮浚流难。」前蜀贯休《寄天台道友》诗：「紫府程非远，清溪径不迂。」直：不弯曲，这里指近便的直路。《诗·小雅·大东》：「周道如

砥，其直如矢。』南朝宋谢灵运《平原侯植》诗：『平衢修且直，白杨信袅袅。』宋林逋《杂兴》诗之三：『梯斜晚树收红柿，筒直寒流得白鱼。』此句意为变迂曲的道路为近直。曹操曰：『示以远，迩其道里，先敌至也。』

以患为利：患：祸患，灾难。《易·既济》：『君子以思患而豫防之。』宋曾巩《本朝政要策·南蛮》：『南蛮于四夷为类最微，然动辄一方受其患。』利：利益，好处。《书·秦誓》：『以保我子孙黎民亦职有利哉。』唐陈子昂《谏灵驾入京书》：『实以为杀身之害小，存国之利大。』故迂其途，而诱之以利：『军争』中，我方固需善于『以迂为直』、『以患为利』，然同时亦需善于使敌人不能『以迂为直』、『以患为利』，换言之，亦即使其行迂趋患，处于不利地位。为达此目的，则需『诱之以利』，使其趋之，如此则彼途必迂，而我则变迂为直矣，故『迂其途而诱之以利』亦即『诱之以利而迂其途』的倒装句式。『其』指敌，非指我。贾注：『敌途本近，我能迂之者，或以羸兵，或以小利，以他道诱之，使不得以军争赴也』，是。』此说有理。

后人发，先人至：汉简本作『后人发，先人至者』。后：晚于，落在后面。《论语·微子》：『子路从而后，遇丈人以杖荷蓧。』《新唐书·藩镇传·李正己》：『时回纥恃功横，诸军莫敢抗。正己欲以气折之，与大酋角逐，众士皆墙立观，约曰：后者批之。』发：出发，起程。《诗·齐风·东方之日》：『在我闼兮，履我发兮。』毛传：『发，行也。』南朝宋谢灵运《庐陵王墓下作》诗：『晓月发云阳，落日次朱方。』唐杜甫《赠韦赞善别》诗：『扶病送君发，自怜犹不归。』清蒲松龄《聊斋志异·长清僧》：『众谓新瘳未应远涉。不听。翼日遂发。』先：早于，超越，居前。《左传·文公二年》：『禹不先鲧，汤不先契，文武不先不窋。』《楚辞·离骚》：『凤皇既受诒兮，恐高辛之先我。』宋欧阳修《苏主簿挽歌》：『诸老谁能先贾谊，君王犹未识相如。』后人发，先人至：指比敌人出发的晚却比敌人先到达展开争夺的地方。

此知迂直之计者也：汉简本无『此』字，『迂』作『污』。《通典》卷一五四所引『知』上有『先』字。知：了解，掌握。计：方法，策略。

译文 孙子说：用兵的一般原则是，将领从国君那里接受命令，征调人马，组织军队，一直到展开两军对垒。在这一过程中，没有比两军争夺决胜的主动权更难的事了。两军相对争夺有利条件的难处在于，要变迂回为直接，变患难为利益。所以，通过小的利益引诱敌人，以使敌人走弯路，自己比敌人行动虽晚，但却能比敌人更早到达，这就是真正知道以迂为直策略的人。

评点 无论在军事斗争领域还是其它政治斗争和经济竞争的领域，为了确保成功，以迂为直都是有效的策略。尤其在敌我力量悬殊，自己处于劣势的情况下，更要注意策略的运用。

春秋时期，齐国有三个勇士：田开疆、古冶子、公孙捷。这三人结成异姓兄弟，自诩为齐国三杰。他们依仗自己勇力过人，又立过一些功劳，所以十分傲慢，目中无人，对齐景公构成很大的威胁。齐相晏子想除掉他们，但考虑到他们武艺高强，派人去刺杀根本不可能，于是就想出了一个计策。

有一天，鲁国国君昭公来访，景公设宴相待。三位武士持剑侍立。席间，晏子说：『御园的桃子已经成熟，不如摘一些来，让两个国君尝尝。』

景公派人去摘桃子，晏子亲自前往，以示庄重。一会儿，桃子摘回来了，总共摘来了六枚桃子。两位国王各拿了一个吃起来。景公对鲁国的大臣叔孙诺说：『此桃可以称得上是人间仙物，得之不易，叔孙大夫贤名著于四方，请吃一枚吧！』

叔孙诺连忙推辞，说：『我哪能比得上贵国的贤相呢，仙桃还是赐于晏子相国吧。』

景公说：『既然叔孙大夫推让相国，那么你们二人各赐酒一杯，桃一枚。』二人急忙跪下领受。

现在盘子里还剩下两枚桃子了，晏子请示景公后，对两旁的文武说，每个人都说说自己的功劳，谁的功劳大就把桃子赐给谁。

公孙捷首先向前一步，开口说道：『有一次我随主公一起打猎，杀死一头猛虎，这功劳怎么样？』

晏子说：『保护圣驾，当然是大功一件，可赐酒一杯，食桃一枚。』公孙捷接过桃子，十分高兴。

这时古冶子又站出来，说：『打虎算得了什么？我曾经随主公，在黄河的波涛之中，斩下了妖龟的头，危急之中救了主公，这一功劳怎么样？』

晏子说：『在波涛汹涌之中，如果不是勇士斩断妖龟之头，船一翻，一船人都有生命危险，这也是盖世之功，应当食桃饮酒。』说罢，立即给古冶子赏桃赐酒。

盘子中已没有桃子了，这时田开疆又撩起衣服，大步走了上来，说：『我奉命征伐徐国，斩杀敌将，俘获敌兵五百多人，令徐国国君万分惊恐，纳款而降，威震邻邦，为主公奠定了盟主之位，这样的功劳怎么样？』

晏子说：『您有这样的功劳，的确比刚才二位的大十倍也不止，但桃子已经赏赐完了，先请饮酒一杯，等待明年再赐桃吧！』

齐景公也说：『卿的功劳最大，只是话说得迟了些。』

田开疆一听这话，不由大怒，他按剑大声说，『斩龟打虎，算是什么功劳？我跋涉千里，血战成功，反而不能吃上一只桃子，受辱于两国君臣面前，为天下人世世代代所耻笑，还有何面目立于朝廷之上？』说完之后，挥剑自刎而死。

公孙捷一看大惊，扔下桃子拔出宝剑，说，『我们功劳小却吃桃子，他人功大，反而吃不上。拿了桃子而不知谦让，是不廉，看到别人死而不跟从，是不勇。』说完，也挥剑自刎而死。

古冶子一见二人都自杀了，大呼道：『我们三人情同骨肉，同生共死，如今二人已亡，我苟活于世，于心何安？』说完，

也挥剑自刎而死。

片刻之间，三个勇士都死在了朝堂上。

这就是著名的『二桃杀三士』的故事。晏子充分利用了三人争功自傲，看重信义的心理特点，故意用两个桃子激起他们的矛盾，没费吹灰之力，一举杀了三人。

利用矛盾各个击破，最关键的一点就是充分认识对方的特点。掌握对方的弱点后，或者静观事态的发展，等到矛盾发展到不可调和时，坐收渔翁之利，或者利用对方的心理特点，挑起冲突，使对方在内部损耗中逐渐消磨实力。在存在多个竞争者的时候，这种方法常常能收到后发制人的效果。

军争为利，军争为危。举军而争利，则不及；委军而争利，则辎重捐。是故卷甲而趋，日夜不处，倍道兼行，百里而争利，则擒三将军；劲者先，疲者后，其法十一而至；五十里而争利，则蹶上将军，其法半至；三十里而争利，则三分之二至。是故军无辎重则亡，无粮食则亡，无委积则亡。

注释

军争为危：武经本、平津馆本、樱田本、《通典》卷一五四所引均作『众争为危』，梅尧臣注也说『一本作「军争为利，众争为危」』。汉简本作『军争□危』，可见孙子原应作『军争为危』。于鬯《香草续校书》说：『同一军争而有利有危，「军争」字不当有异。』为：有。《易·夬》：『壮于前趾，往不胜，为咎。』俞樾《群经平议·周易二》：『为咎，犹有咎也……为可训有，有咎而曰为咎，亦犹有闲而曰为闲也。』《孟子·滕文公上》：『夫滕，壤地褊小，将为君子焉，将为野人焉。』赵岐注：『为，有也。』

汉王充《论衡·艺增》：『太平之世，家为君子，人有礼仪，父不失礼，子不废行。』唐柳宗元《道州文宣王庙碑》：『俾是荒服，移为阙里。』章士钊指要：『移，转也；为，有也。』曹操曰：『善者则以利，不善者则以危。』李筌曰：『夫军者，将善则利，不善则危。』

举军而争利，则不及：指全军挟带辎重去争取先机之利，则不可能完成预定计划。曹操曰：『迟不及也。』李筌曰：『辎重行迟。』梅尧臣曰：『举军中所有而行，则退缓。』张预曰：『竭军而前则行缓而不能及利。』举：全。《左传·哀公六年》：『僖子不对而泣曰：「君举不信群臣乎？」』《孟子·梁惠王下》：『百姓闻王钟鼓之声，管钥之音，举疾首蹙頞而相告。』焦循正义：『举，犹皆也。』宋苏轼《乞罢登莱榷盐状》：『若不配卖，即一二年间举为粪土。』

委军而争利，则辎重捐：指丢弃军用物资轻装急进去争取先机，则会使辎重受损失。曹操曰：『置辎重，则恐捐弃也。』李筌曰：『委弃辎重，则军资阙也。』梅尧臣曰：『委军中所有而行则辎重弃。』委：舍弃，丢弃。《孟子·公孙丑下》：『委而去之，是地利不如人和也。』《楚辞·离骚》：『委厥美以从俗兮，苟得列乎众芳。』王逸注：『委，弃。』《旧五代史·唐书·庄宗纪一》：『梁军大恐，南向而奔，投戈委甲，噎塞行路。』清方文《述哀》诗：『虽死茅檐下，直似委沟洫。』辎：古代有帷盖的载重车。《管子·问》：『乡师车辎造修之具，其缮何若？』尹知章注：『辎，谓车之有防蔽，可以重载者。』辎重：外出时携载的物资，一般特指随军运载的军用器械、粮秣等。《老子》：『是以圣人终日行，不离辎重。』《史记·苏秦列传》：『苏秦为从约长，并相六国。北报赵王，乃行过雒阳，车骑辎重，诸侯各发使送之甚众，疑于王者。』清袁枚《新齐谐·喀雄》：『一日周女忽至，带来辎重甚富，雄惊且喜。』《新五代史·唐臣传·王建及》：『（建及）即呼众曰：「今日所失辎重皆在山西，盍往取之！」』捐：放弃，舍弃。《说文·手部》：『捐，弃也。』《庄子·在宥》：『黄帝退，捐天下，筑特室，席白茅，闲居三月。』晋陆机《文赋》：『苟伤廉而愆义，亦虽爱而必捐。』唐刘知几《史通·惑经》：『而《春秋》捐其首谋，舍其亲弑。』

卷甲而趋：汉简本『卷』作『桊』，古通。《通典》卷一五四所引『趋』下有『利』字。卷：收，收起。《论语·卫灵公》：『邦有道则仕，邦无道，则可卷而怀之。』刘宝楠《正义》：『卷，收也。』《仪礼·公食大夫礼》：『有司卷三牲之俎，归于宾馆。』郑玄注：『卷犹收也，无遗之辞也。』唐王起《和李校书雨中自秘省见访不遇》诗：『忆见青天霞未卷，吟玩瑶华不知晚。』宋欧阳修《渔家傲》词：『此会此情都未半，星初转。鸾琴凤乐匆匆卷。』日夜不处：《通典》卷一五四所引上有『则』字。处：停止，止歇。《易·小畜》：『既雨既处。』程颐传：『既处，既止也。』《大戴礼记·诰志》：『川谷不处，深渊不涸。』《汉书·叙传上》：『浑元运物，流不处兮。』颜师古注：『浑元，天地之气也；处，止也。』《文心雕龙·祝盟》：『「夙兴夜处」，言于祔庙之祝。』曹操注曰：『不得休息。』

倍道兼行：倍道：兼程，加倍速度。《资治通鉴·晋安帝义熙七年》：『将军屈右曰：「今既获利，宜倍道旋师，早度险阨。」』清唐甄《潜书·五形》：『倍道而进，兼夜而趋，如飘风，如疾雷。』兼行：以加倍速度赶路，或说昼夜不停地赶路。《管子·禁藏》：『其商人通贾，倍道兼行，夜以续日。』《后汉书·光武帝纪上》：『（光武帝等）遂得南出。晨夜兼行，蒙犯霜雪，天时寒，面皆破裂。』《魏书·刘裕传》：『裕自以舟师南伐。季高（孙季高）乘海兼行，奄至番禺。』百里而争利，则擒三将军：《菁华录》认为，『三将军』应为『三军将』之误。古代军队分上、中、下三军，『三军将』指三军的主帅，此说有理，但言『三将军』也可讲通，故存之。杜佑、梅尧臣、张预等人都注『三将军』为『三军之将』或『三军之帅』。杜佑曰：『若不虑上二事，欲从速疾，卷甲束仗，潜军夜行。若敌知其情，邀而击之，则三军之将为敌所擒也。如秦伯袭郑，

三帅皆获是也。』梅尧臣曰：『军行三十里二舍，今乃昼夜不休行百里，故三将军为其擒也，何则涉途既远，劲者少，罢者多，十中得一至耳。三将军者，三军至帅也。』张预曰：『凡军日行三十里则止，过六十里已上为倍道，昼夜不息为兼行。言百里之远，与人争利，轻兵在前，辎重在后，人罢马倦，渴者不得饮，饥者不得食。忽遇敌，则以劳对佚，以饥敌饱，又复首尾不相及，故三军之帅必皆为敌所擒。』此句意为，昼夜兼程日行百里去争利，必然会导致全军覆没的结果。曹操曰：『百里争利，非也；三将军皆以为擒。』

劲者先，疲者后，其法十一而至：『十一而至』汉简本作『十一以至』，《通典》倦一五四所引作『十而一至』。劲：强健有力。《荀子·非相》：『古者桀纣，长巨姣美，天下之杰也。筋力越劲，百人之敌也。』《韩非子·观行》：『有乌获之劲，而不得人助，不能自举。』劲者：指强壮有力的士卒。疲者：指疲弱老幼的士卒。法：常规，一般规律。十一：十分之一。表示可能性很小或很小的一部分。《庄子·达生》：『五六月累丸二而不坠，则失者锱铢；累三而不坠，则失者十一；累五而不坠，犹掇之也。』唐薛用弱《集异记·丁岜》：『岜之亲爱忧岜，乃共设计，以辘轳下巨索，伺岜自缚，当遽引上，或希十一之全。』《新唐书·李石传》：『三年正月，将朝，骑至亲仁里，狙盗发，射石伤……是日京师震恐，百官造朝纔十一。』李筌曰：『一日行一百二十里，则为倍道兼行；行若如此，则劲健者先到，疲者后至。军健者少，疲者多，且十人可一人先到，余悉在后，以此遇敌，何三将军不擒哉？魏武逐刘备，一日一夜行三百里，诸葛亮以强弩之末不能穿鲁缟，言无力也。是以有赤壁之败。庞涓追孙膑，死于马陵，亦其义也。』陈皞注：『杜说别是用兵一途，非什一而至之义也。盖言百里争利，劲者先，疲者居，十中得一而至，九皆疲困，一则劲者也。』皆是。杜牧注曰：『凡十人中择一人最劲者先往，其余者则令继后而往。』非是。

则蹶上将军：原意为颠仆，跌倒。《孟子·公孙丑上》：『今夫蹶者、趋者，是气也，而反动其心。』朱熹集注：『如人颠蹶趋走，则气专在是而反动其心焉。』这里指挫败，失败。曹操注曰：『蹶，犹挫也。』杜佑注曰：『蹶，犹挫也。前军之将，已为敌所蹶败。』另，《旧唐书·陆贽传》：『其要在于失人肆欲则必蹶，任人从众则功全。』薛福成《出使四国日记·光绪十七年正月十五日》：『迨俄皇率诸国之师以伐法，普以区区之地出兵至七八万，俄皇许以如蹶拿破仑，当尽还普故地。』一说，『蹶』通『厥』。『「撅」：与「厥」通，《说文》：「僵也。」《荀子·成相》「国乃厥」杨注：「颠覆也」，上引《史记》「蹶上将」（即《史记》孙膑曰：『兵法：百里而趣利者，蹶上将；五十里走者，军半至』一句。——引者注）《索隐》云：「厥，犹毙也。」「颠覆」与「毙」，其义亦相因。故「蹶」即损折之意。』此说亦可通，存之。

上将军：指上军之主帅。

其法半至：汉简本作『法以半至』，《通典》卷一五四所引作『其法以半至』。根据一般规律，只有一般士卒能按期到达。李筌曰：『百里则十人一人至，五十里十人五人至，挫军之威，不至擒也。言道近不至疲。』梅尧臣曰：『十中得五，犹远不能胜。』三十里而争利，则三分之二至：《通典》卷一五四所引下有『以是知军争之难』一句。曹操曰：『道近至者多，故无死败也。』李筌曰：『近不疲也，故无死亡。』

是故军无辎重则亡，无粮食则亡，无委积则亡：汉简本『辎重』前之『无』作『毋』，『积』作『责』。《通典》卷一六〇、《御览》卷三三四所引『是故』作『是以』。委：读为wěi，储积，聚积。银雀山汉墓竹简《孙膑兵法·见威王》：『故城小而守固者，有委也。』《公羊传·桓公十四年》：『御廪者何？粢盛委之所藏也。』《文选·扬雄〈甘泉赋〉》：『傧暗蔼兮降清坛，瑞穰穰兮委如山。』李善注：『委，积也。』宋王安石《我所思寄黄吉甫》诗：『岸沙雪积山云委，云半飞

泉挂龙尾。』明张煌言《奇零草·建炎官词》：『六朝奏章委如云。』积：指贮积起来的钱物等。下文《火攻篇》：『凡火攻有五……二曰火积。』李筌注：『焚积聚也。』杜牧注：『积者，积蓄也，粮食薪刍是也。』《左传·僖公三十三年》：『居则具一日之积，行则备一夕之卫。』杜预注：『积，刍米菜薪。』《战国策·楚策一》：『昔令尹子文，缁帛之衣以朝，鹿裘以处；未明而立于朝，日晦而归食；朝不谋夕，无一月之积。』《抱朴子·诘鲍》：『十一而税，以奉公用，家有备凶之储，国有九年之积。』委积：指储备粮草或储备之粮草，泛指财物，货财。杜牧注：『委积，财货也。』《周礼·地官·大司徒》：『大宾客，令野修道委积。』孙诒让《正义》：『《说文·禾部》云：「积，聚也。」……凡储聚禾米薪刍之属，通谓之委积。』《南齐书·高帝纪上》：『贼千里孤军，后无委积，求战不得，自然瓦解。』唐元结《问进士二》：『太仓委积，陈腐不可较量，忽遇凶年，谷犹耗尽。』《魏书·西域传·焉耆》：『拔焉耆三城，获其珍奇异物及诸委积不可胜数。』苏轼《赐大辽贺坤成节人使生饩口宣》：『宜颁委积，以示宠章。』此句意思是说，如果部队没有了粮草、辎重和其它军需物资的接济和补充，必然灭亡。曹操曰：『无此三者，亡之道也。』李筌曰：『无辎重者，阙所供也。袁绍有十万之众，魏武用荀攸计，焚烧绍辎重，而败绍于官渡。无粮食者，虽有金城，不重于食也。夫子曰：「足食足兵，民信之矣。」故汉赤眉百万众无食，而君臣面缚宜阳。是以善用兵者，先耕而后战。无委积者，财乏阙也。汉高祖无关中，光武无河内，魏武无兖州，军北身遁，岂能复振也？』张预曰：『无辎重则器用不供，无粮食则军饷不足，无委积则财货不充，皆亡覆之道。』

译文

所以，军队争夺有利条件的时候既有有利的一面，但也有危险的一面。全军带着所有的辎重去争利，则不可能按时到达预定目的地，而如果抛弃辎重去争利，则辎重装备就会有所损失。因此，卷起盔甲白天黑夜不休息地快速前进，奔跑一百里去争利，则三军之将有被擒的危险。身体强壮的士兵先到，身体疲弱的士兵后到，一般情况下是只有十分之一的人马能按预定计划到达；行军五十里去争利，先头部队的将领就会遭受失败，一般只有一半的人马能够赶到；行军三十里去争利，只有三分之二的人马赶到。因此，部队没有辎重装备就无法维持生存，没有粮食就无法维持生存，没有物资储备也无法维持生存。

评点

军事争夺归根结底是利益的争夺，但在争夺利益时也要考虑到可能会带来的危害。

战国时期，孙武的后代孙膑年轻的时候和庞涓一起在鬼谷子门下学习兵法，并成为好友。有一年，魏国国君以优厚待遇招求天下贤才，贪恋富贵的庞涓听到这个消息，再也耐不住深山学艺的艰苦与寂寞，决定下山谋求富贵。庞涓本身从鬼谷子那里学了些真本事，加之自己天生能说会道，到达魏国之后，很快取得了魏惠王的赏识和重用，被委以大将军的重任，掌管魏国兵权。

后来，魏王在与庞涓闲谈时，无意中提到了孙膑，并表现出对孙膑的才能很感兴趣的样子，有意把孙膑也招罗到魏国来。庞涓自知才能不及孙膑，担心孙膑到了魏国，将对自己在魏国的位子构成有力的挑战。于是，庞涓就给孙膑写了一封信，把孙膑骗到魏国。孙膑到了魏国之后，庞涓表面上对孙膑特别客气，朝夕相处，还像从前一样亲热，背地里却在谋划着陷害孙膑的办法。最后竟残忍地剔去了孙膑的膝盖骨，这是古代的一种酷刑，称为『膑』。孙膑其实原来不叫这个名字，因曾受过这种刑罚，『孙膑』二字，是后人对他的称呼。

孙膑终于明白了庞涓请自己来魏国的用意，但是后悔已经完了。为了逃脱庞涓进一步的迫害，留下性命日后报仇雪恨，他佯作疯狂，并在齐国使者的帮助下逃回齐国，被齐威王封为军师。

除掉孙膑之后，庞涓在魏国仍旧受到魏王的宠信，自己的儿子和侄子也都受到了重用，非常风光。

几年之后，魏王派庞涓去打赵国，并包围了赵国的都城邯郸。赵国招架不住，派人到齐国求救。齐威王派田忌为大将，

孙膑为军师，发兵救赵。

孙膑向田忌献计说：『我们如果直接去救赵国，不免会有一场硬仗，不如采取「围魏救赵」的方法。我们去攻打魏国，庞涓必然会撤邯郸之围回来守卫他的老巢。这样，我们派人在路上伏击，一定可大获全胜。』田忌听从了孙膑的计策，下令攻魏，庞涓便急忙退兵，在桂陵遇到齐军的伏击，大败而回。

又过了十多年，魏王派庞涓率大军攻韩。韩国向齐国告急。齐威王又派田忌和孙膑分别为大将和军师，发兵前去救韩。孙膑故伎重施，带兵径奔魏国而去。庞涓听到消息，急忙班师回救。孙膑又向田忌献『减灶』之策，诱敌深入。庞涓果然上当，带领精锐日夜兼程追赶齐军。孙膑推算庞涓在日暮时分可到马陵。马陵道处于两山之间，十分险要。孙膑指挥齐军在路两旁埋伏好，并把一棵大树的树皮刮去，在上面写下了『庞涓死于此树下』几个大字。庞涓看到大树上的字，方知中计，但为时已晚。庞涓刚看完树上的字，山上伏兵四起，万箭齐发，魏军全军覆没。庞涓知道逃不掉了，自杀身亡。自杀时，庞涓还不无遗恨地说：『我成全你小子的美名！』

故不知诸侯之谋者，不能豫交；不知山林、险阻、沮泽之形者，不能行军；不用乡导者，不能得地利。

注释 谋：谋划，意图。《左传·襄公八年》：『郑羣公子以僖公之死也，谋子驷。』《后汉书·李固传》：『昔秦欲谋楚，王孙圉设坛西门，陈列名臣，秦使惧然。』豫交：一说『豫』通『与』，参与。『豫交』，结交诸侯。曹操注：『不知敌情谋者，不能结交也。』一说『豫』通『预』。李筌注：『豫，备也。知敌之情，必备其交矣。』一说『豫』即先，『豫交』

即准备交兵。杜牧注：『豫，先也；交，交兵也。言诸侯之谋先须知之，然后可交兵合战，若不知其谋，固不可与交兵也。』相较各说，以曹注为善。

沮泽：沮：潮湿。白居易《履道新居二十韵》：『门闭深沉树，池通浅沮沟。』沮泽：指水草丛生的沼泽地带。曹操注：『水草渐洳者为沮，众水所归而不流者为泽。』《礼记·王制》：『司空执度度地，居民山川沮泽，时四时。』郑玄注：『沮谓莱沛。』孔颖达疏引何胤曰：『沮泽，下湿地也，草所生为莱，水所生为沛。言沮地是有水草之处也。』司马光《交趾献奇兽赋》：『且是兽也，生岭峤之外，出沮泽之湄。得其来，吾德不为之大；纵其去，吾德不为之亏。』薛福成《上曾侯相书》：『（大军）因山谷沮泽，碍于驰骋，以致失利。』

乡导：即向导，带路的人。『乡』通『向』。《晋书·刘琨传》：『聪（刘聪）大喜，以泥（令狐泥）为乡导。』唐陈子昂《为金吾将军陈令英请免官表》：『臣无田畴乡导之策，又乏杜预度支之才。』清魏源《庐山杂咏偕蒋子潇》之五：『乡导俱无路不分，前僧已入万重云。』不能得地利：《通典》卷一五七及《御览》卷三〇二所引无『能』字。

译文 所以，不知道其它诸侯国的图谋，不要和他们结成联盟；不知道山林、险阻和沼泽的地形分布，不能行军；不借助向导的指引，不能得到地利。

评点 孙子在这里提出了『不知诸侯之谋者，不能豫交』的思想，其实不只是国与国之间的交往是这样，人与人之间同样也是『不可知者不可交』。

现实生活中，有的人因为相知而成为朋友，有的人会因相知而分道扬镳。可见，要不要与一个人成为朋友，首要的一个前提就是对方『可知』。只有你了解他的品性，觉得你们志趣相投，才有可能决定与对方进一步交往下去。否则，在不了解

对方的情况下就与他结为好友，是对双方都不负责的。知道对方人品卑劣而继续与他交往，则迟早会受到连累或者伤害。

三国时期，何晏、邓扬、夏侯玄三人去见傅嘏，表示愿与他结为朋友，傅嘏没有同意。三个人就通过荀粲去说服傅嘏。荀粲对傅嘏说：『夏侯玄是当世豪杰，他向你虚心求教，而你为什么却不同意呢？如果你们成为朋友，那是好事；如果成不了朋友，就会产生隔阂。两个贤人假如不和睦，那将会对国家造成损失。这也是蔺相如为什么在廉颇面前甘拜下风的原因。』

傅嘏说：『夏侯玄志大才疏，徒有虚名，实际上是个摇唇鼓舌、颠覆国家的人。何晏、邓扬虽然有些才华，却躁动不安，知识虽多，却不得要领，向外追求名利，内心不知防备，喜欢观点相同的人，厌恶反对自己的人，说话太多并嫉妒比自己优秀的人。多话的人容易挑起事端，好嫉妒的人不可能有亲近的朋友。依我来看，这三位当今所谓的贤者都是缺少道德之人。远远躲开他们还怕遭到灾祸，怎么还能去亲近他们呢？』

后来，三个人正如傅嘏所分析的那样，均被司马懿父子所杀。

《鬼谷子》中说，要结交朋友，首先要全面了解对方，掌握对方的品行、爱好、技能、性格等。但是，了解一个人是很难的，因为有的人非常善于伪装，往往以假面孔出现在人们面前，所以了解必须通过长期观察。因此，『可知者，可用也；不可知者，谋者所不用也。』

三国时期的管宁和华歆在年轻的时候共同在著名学者陈实门下学习，二人非常要好。

有一次，他俩一块儿在菜地里锄草。管宁一锄下去，『当』地一声，从黑黝黝的泥土中翻出一块黄澄澄的金子。管宁视而不见，看了一眼，就不再理会了，继续锄他的草。不远处的华歆一看，赶紧丢下锄头，跑了过来，拾起金子捧在手里仔细端详。管宁装做没看见他，一边挥舞着锄头干活，一边自言自语地念叨说：『君子爱财，取之有道啊。不劳而获得到的财物，君子是不会去贪图的。』华歆听了，才不情愿地丢下金子回去干活。这虽然是一件小事，却被管宁记在心里。

又有一次，管宁和华歆坐在一张席子上读书。正看得入神的时候，忽然外面传来吵吵嚷嚷的声音。听各种声音就可判断得出来，肯定是有一位达官显贵乘车从这里经过。管宁充耳不闻，只顾静坐在原处专心致志地读他的书。华歆听到之后，坐不住了，干脆把书一丢，跑到街上跟着人群看热闹去了。

管宁目睹了华歆的所作所为，又想起上次菜园中的事，终于抑制不住心中的失望。华歆回来之后，管宁就拿出一把刀子，痛心而决绝地对华歆说：『我们两个人的志趣不同。从现在起，我们的友谊就像这张草席。』说着，他举起刀子，把席子从中间一割两半，一半丢给华歆，一半放在自己屁股下面，继续读书。

『管宁割席』的故事告诉人们，『道不同不相为谋』，当发现朋友志趣不投时，应及早分手。

人人都希望有知心朋友，但现实中往往却是『知人知面难知心』。正因为如此，知音显得愈加可贵。『高山流水』是广为传颂的故事。俞伯牙善于弹琴，他弹出高昂激越的曲子，钟子期听到之后，说：雄浑大气，像巍巍的高山啊！俞伯牙又弹出低婉萦回的旋律，钟子期又说：温柔缠绵，像潺潺的流水啊！俞伯牙一听，知道钟子期不仅懂得音乐，而且了解自己的内心，两人成为知音之交。后来钟子期先死了，俞伯牙将琴摔烂，发誓从此不再弹琴。千百年来，俞伯牙和钟子期之间的友谊一直被人们奉为纯真友情的典范。

好朋友必须相知，如俞伯牙和钟子期，但相知的人不一定能成为朋友，如诸葛亮和周瑜，甚至本来是朋友，因为了解的加深而关系破裂，如管宁和华歆。这说明，交友不可不慎，了解朋友不可不深。真正的朋友能陶冶人的情操，使人心情愉悦，遇到危难时还可以相互帮助；如果与品德不好的人交往，不但不能使自己的素质得到提高，而且可能被他影响，近墨者黑，

平时的时候甜言蜜语，非常热情，遇到危难的时候则往往会在背后下毒手，甚至落井下石。

「不可知者不可交」还告诉我们一个道理：因为朋友之间往往志趣相投，所以一个人选择什么样的朋友，常常可以反映出他的人生观和价值观。因此，在观察一个人品行的时候，观察他平时所结交的都是些什么朋友，是对这个人进行侧面了解的一个有效的方法。

故兵以诈立，以利动，以分合为变者也。故其疾如风，其徐如林，侵掠如火，不动如山，难知如阴，动如雷震。掠乡分众，廓地分利，悬权而动。先知迂直之计者胜，此军争之法也。

注释

兵以诈立，以利动，以分合为变者也。诈：特指用兵奇诡多变，而诱使敌方判断错误的战术。郭化若注：「「兵以诈立」，是说用兵作战要用奇异多变的办法，为胜敌之术。」《公羊传·哀公九年》：「其易奈何？诈之也。」何休注：「诈，谓陷阱奇伏之类。」分：指兵力分散。合：指兵力集中。曹操曰：「兵一分一合，以敌为变也。」李筌曰：「以诡诈乘其利动；或合或分，以为变化之形。」

其疾如风，其徐如林：《御览》卷二七〇所引「其」作「兵」。疾：迅速而猛烈。《易·说卦》：「动万物者，莫疾乎雷；挠万物者，莫疾乎风。」其疾如风：意思是说行动迅速，像疾风一样迅速而猛烈。曹操曰：「击空虚也。」李筌曰：「进退也。其来无迹，其退至疾也。」张预曰：「其来疾暴，所向披靡。」徐：缓行。《文选·张衡〈东京赋〉》：「摄提运衡，徐至于射官。」薛综注：「徐行至于射官。」其徐如林：意思是说部队缓行的时候像树林一样整肃。李筌曰：「整陈而行。」

杜牧注：「言缓行之时，须有行列如树木也。」

侵掠如火，不动如山：侵：越境进犯。《诗·小雅·六月》：「玁狁匪茹，整居焦获，侵镐及方，至于泾阳。」《三国志·吴志·钟离牧传》：「牧问朝吏曰：「西蜀倾覆，边境见侵，何以御之？」」《资治通鉴·周赧王元年》：「秦入侵义渠，得二十五城。」掠：拷掠，夺取。《左传·襄公二十一年》：「栾盈过于周，周西鄙掠之。」杜预注：「劫掠财物。」唐张籍《董逃行》：「闻道官军犹掠人，旧里如今归未得。」黄宗羲《兵部左侍郎苍水张公墓志铭》：「顷之，再入长江，掠瓜仪，抵燕子矶，南都震动。」侵掠：这里指出击，进攻。宋王禹偁《故商州团练使翟公墓志铭》：「公与洺州防御使郭进，领偏师侵掠，深入敌境。」魏源《圣武记》卷一：「崇德元年，索伦为科尔沁部侵掠，命来朝之索伦部长速归防御。」侵掠如火：指进攻的时候像烈火一样猛烈。曹操曰：「疾也。」张预曰：「势如猛火之炽，谁敢御我。」一说为抄掠，袭扰。李筌曰：「如火燎原无遗草。」贾林曰：「侵掠敌国若火燎原，不可往复。」不动如山：指防守的时候像大山一样稳固。曹操曰：「守也。」李筌曰：「驻车（军）也。」王晳曰：「坚守也。」杜佑曰：「守也。不信敌之诳惑，安固如山。」杜牧曰：「闭壁屹然不可摇动。」

难知如阴，动如雷震：「雷震」，樱田本、《通典》卷一六二、《御览》卷三一三所引作「雷霆」。难知如阴：指像阴云蔽日一样难以被看透。李筌曰：「其势不测如阴，不能睹万象。」杜佑曰：「莫测如天之阴云，不见列宿之象。」梅尧臣曰：「幽隐莫测。」王晳曰：「形藏也。」动如雷震：指行动的时候要像迅雷一样猛烈迅疾。杜佑曰：「疾速不及应也。故太公曰：疾雷不及掩耳，疾电不及瞑目也。」杜牧曰：「如空中击下，不知所避也。」王晳曰：「不虞而至。」

掠乡分众：《通典》卷一六二和《御览》卷三一三所引「掠」作「指」，各家古注中，杜佑、贾林、王晳注作「指」，

其它注作「掠」，陈皞曰：「「掠乡」一作「指向」」。曹操曰：「因敌而制胜也。」杜佑曰：「因敌而制胜也，旌旗之所指向，则分离其众。」李筌曰：「抄掠必分兵为数道，惧不虞也。」陈皞曰：「夫乡邑村落，因非一地，察其无备，分兵掠之。」指分兵数路掳掠敌国乡邑。廓地分利：廓：扩张，开拓。《荀子·修身》：「狭隘褊小，则廓之以广大。」《盐铁论·论勇》：「廓鄷鄗以为天下。」《方言》第一：「青幽之间……张小使大谓之廓。」明方孝儒《观海楼记》：「彼之相容汛受不择细大……能因之以廓吾之量。」指开疆拓土，分兵扼守有利地形。曹操曰：「广地以分敌利也。」李筌曰：「得敌地必分守利害。」张预注：「开廓平易之地，必分兵守利，不使敌人得之。」皆近之，唯以「开廓平易之地」释「廓地」不妥。

悬权而动：汉简本「悬」作「县」，通。悬：吊挂，系挂。《管子·明法》：「吏者，民之所悬命也。」《孟子·公孙丑上》：「民之悦之，犹解倒悬也。」三国魏曹植《求自试表》：「然而高鸟未挂于轻缴，渊鱼未悬于钩饵者，恐钓射之术或未尽也。」唐王湾《次北固山下》诗：「潮平两岸阔，风正一帆悬。」权：秤或秤锤。《论语·尧曰》：「谨权量，审法度，修废官，四方之政行焉。」何晏集解：「权，称也。」《汉书·律历志上》：「权者，铢、两、斤、钧、石也，所以称物平施，知轻重也。」明陆深《传疑录》：「权以权轻重也。五权之法，铢、两、斤、钧、石，二十四铢为两，十六两为斤，三十斤为钧，四钧为石。」《礼记·月令》：「（仲春之月）正权概。」郑玄注：「称锤曰权。」唐陆贽《论替换李楚琳状》：「夫权之为义，取类权衡。衡者称也，权者，锤也。」悬权：指用称称重量，这里指权衡利弊得失。悬权而动：指先权衡利弊得失再决定行动。曹操曰：「量敌而动也。」李筌曰：「权，量秤也。敌轻重与吾有铢镒之别，则动。夫先动为客，后动为主，客难而主易。」

先知迂直之计者胜，此军争之法也：汉简本「计」作「道」。赵本学曾认为此句「与上文不相蒙，当在无邀正正之旗，无击堂堂之阵，此治变者也之下，为一篇之结语」。但汉简本「悬权而动」下紧接的就是此句，当无误。李筌曰：「迂直道路。劳佚馁寒，生于道路。」张预曰：「凡与人争利，必先量道路之迂直，审察而后动，则无劳顿寒馁之患，而且进退迟速，不失其机。故胜也。」

译文

所以，用兵作战是建立在诡诈的基础上，以是否有利作为行动的指南，以兵力分散与聚合的转化为变化战术。所以，军队疾行要像风一样快速，缓慢移动要像树林一样有条不紊，攻击要像烈火一样来势迅猛，防守要像山岳一样牢不可动，隐蔽要像阴云遮住星辰一样难以看透，采取行动要像迅雷一样快速而猛烈。掳掠乡村，要分兵掠取；开疆拓土，要分兵扼守有利地形；要先权衡利弊得失，然后见机行事。事先知道变迂为直方法的人将获得胜利，这就是军争的一般原则。

评点

自古「兵不厌诈」，孙子在这里明确提出了「兵以诈立」的思想，继前文提出「兵者，诡道也」之后又一次表明了这一思想。

三国时期，魏国的魏明帝去世之后，继位的曹芳年仅八岁，朝政落到了太尉司马懿和大将军曹爽手中，两个人明里共辅朝政，暗地里却在各施手段争权夺利。曹爽首先借助自己宗亲贵胄的身份，用明升暗降的手段剥夺了司马懿的兵权。司马懿战功赫赫，大权旁落自然心有不甘，但一时摄于曹爽势力强大，只好暂时忍让。于是，司马懿假装有病，在家休养，其实在暗中谋划怎样除掉曹爽。曹爽对司马懿仍然不放心，于是派亲信李胜去其家中探听虚实。

司马懿听说曹爽的亲信来看他，心里清楚他的用意，于是做好了精心的安排。李胜到了司马懿的卧室，见司马懿病容满面，神态憔悴地躺在床上。李胜说：「好久没来拜望您，没想到您病得这么重。现在我被任命为荆州刺史，特来向您辞行来了。」司马懿躺在床上，说道：「并州是军事要地，一定要抓好防务啊。」李胜以为他真的听错了，忙纠正说：「我是荆州，不是并州。」司马懿还是装作听不明白。这时，有人把药端过来，侍女给司马懿喂药，他吞得很艰难，汤水流得到处都是。

李胜回去向曹爽作了汇报，曹爽非常高兴，只等着司马懿两腿一伸，他就可以高枕无忧了。公元249年2月15日，魏帝曹芳要去济阳城北扫墓，祭祀祖先。曹爽带着他的亲信护驾出行。司马懿听到这个消息，知道时机已到。马上调集家将和部下，迅速占据了曹氏兵营，并威逼太后废黜曹爽，接着又派人占据了武库。等到曹爽闻讯回城的时候，大势已去。司马懿以篡逆的罪名，诛杀曹爽一家，终于独揽大权，控制了曹魏政权。

《韩非子·难一》上说：『舅犯曰：「臣闻之，繁礼君子，不厌忠信，战阵之间，不厌诈伪，君其诈之而已矣。」』所谓『兵不厌诈』指出了用兵时为了制胜敌人，在策略上使用诡计的必要性。

元朝末年，陈友谅占据江州，为了争夺天下，他率所有兵力顺江而下，攻打朱元璋，先后攻占采石（今安徽省马鞍山市长江东岸）和太平（今安徽当涂），进逼应天（今江苏南京）。由于陈友谅的兵力数倍于己，大兵压境，朱元璋听取了刘基的建议，决定诱敌深入，打伏击战。

朱元璋召来元朝降将、陈友谅的老友康茂才，让他写一封诈降信给陈友谅。康茂才欣然答应，修书一封，信上建议陈友谅兵分三路进攻应天，并说自己所部把守应天城外江东桥，愿为内应，打开城门，活捉朱元璋。为了确保万一，康茂才派一名陈友谅熟识的老仆去送信。

陈友谅读了康茂才的信，虽然心里非常高兴，但也害怕康茂才诈降，于是反复盘问老仆人，老仆应对如流，言辞恳切，陈友谅深信不疑，并问老仆康茂才所守之桥是木桥还是石桥。老仆告诉他是木桥。他当即回信，决定第二天分兵三路取应天，并约定以『老康』为暗号。

第二天，陈友谅亲率数百艘战船顺江而下，直趋应天。前哨到达城外大胜港时，遭到朱元璋手下将领的抵御，无法登岸，

又见航道狭窄不便行动，于是下令直奔江东桥，去和康茂才汇合。陈友谅到了江东桥，见此桥是一座石桥，心中不免起疑。其实，江东桥本来的确是一座木桥，朱元璋为了防备康茂才的假投降假戏真唱，借机真的投降了陈友谅，已于当天夜里连夜把木桥改造成石桥了。陈友谅急命部下高喊『老康』，但喊了多时，竟无人答应，方知中计，急忙命令修筑工事，强攻应天城。此时，突然战鼓齐鸣，伏兵四起，朱元璋的大将徐达、常遇春率军分别从左右杀来，修筑工事的一万精兵顿时大乱，纷纷逃到江边，蜂拥登船。陈友谅急令开船，哪料正当退潮之际，战船全部搁浅。徐达与常遇春追上船来，陈友谅只好跳进小船逃跑了。

《军政》曰：『言不相闻，故为金鼓；视不相见，故为旌旗。』夫金鼓旌旗者，所以一民之耳目也。民既专一，则勇者不得独进，怯者不得独退，此用众之法也。故夜战多火鼓，昼战多旌旗，所以变人之耳目也。

注释

《军政》：汉简本和《御览》卷三三八所引前均有『是故』二字。梅尧臣注曰：『军之旧典。』王皙注曰：『古军书。』相传《军政》是我国西周时期的古兵书，已亡佚。言不相闻，故为金鼓：『金鼓』，汉简本作『鼓金』，《通典》卷一四九、《御览》卷三三八、《书钞》卷一二〇、《长短经·教战》所引均作『鼓铎』。言：言语，这里指指挥号令。为：作，设置。《书·金縢》：『为坛于南方北面，周公立焉。』《诗·周南·葛覃》：『为絺为绤，服之无斁。』唐谷神子《博异志·许汉阳》：『观其笔，乃白玉为管。』金鼓：四金和六鼓。四金指錞、镯、铙、铎。六鼓指雷鼓、灵鼓、路鼓、鼖鼓、鼛鼓、晋鼓。金鼓用以节声乐，和军旅，正田役。见《周礼·地官·鼓人》。亦泛指金属制乐器和鼓。《左传·僖公二十二年》：『三军以利用也，金鼓以声气也。』杨伯峻注：『庄十年《传》云「夫战，勇气也」，此气即勇气。』又云『一鼓作气』，足见金

鼓所以励勇节气者。金鼓以声为用而制其气，故曰声气。」南朝梁沈约《齐明帝哀策文》：「伐金鼓以清道，扬悲笳而启路。」宋梅尧臣《送王道粹学士知亳州》诗：「金鼓鸣两旁，壶浆拥通逵。」明何景明《送季公从地官》诗：「城边金鼓花时发，海畔楼船日夕过。」这里指指挥军队的号令器具，擂鼓则进，鸣金则退。

旌旗：旗帜的总称。《周礼·春官·司常》：「凡军事，建旌旗。」所以一民之耳目也：「一」汉简本作「壹」，「民」，传本多作「人」，系因避唐太宗讳所致，汉简本作「民」。所以：用以，用来。《庄子·天地》：「是三者，非所以养德也。」《史记·孟尝君列传》：「若急，终无以偿，上则为君好利不爱士民，下则有离上抵负之名，非所以厉士民彰君声也。」宋苏洵《几策·审势》：「故威与惠者，所以裁节天下强弱之势也。」一：统一。《孟子·梁惠王上》：「天下恶乎定？吾对曰：定于一。孰能一之？对曰：不嗜杀人者能一之。」朱熹集注：「王问列国分争，天下当何所定，孟子对以必合于一，然后定也。」《史记·秦始皇本纪》：「一法度、衡石、丈尺，车同轨，书同文字。」唐杜牧《阿房宫赋》：「六王毕，四海一。」民：这里指三军士卒。耳目：犹视听。《左传·成公二年》：「师之耳目，在吾旗鼓，进退从之。」《国语·晋语五》：「若先，则恐国人之属耳目于我也，故不敢。」

民既专一：汉简本作「民既已专」。专一：同一，齐一。《管子·重令》：「将帅不严威，民心不专一，陈士不死制，卒士不轻敌，而求兵之必胜，不可得也。」《左传·昭公二十年》：「若以水济水，谁能食之？若琴瑟之专壹，谁能听之？」《东观汉记·耿弇传》：「临淄诸郡太守相与杂居，人不专一，其声虽大而虚，易攻。」用众：用，使，驱使。《韩非子·外储说右下》：「令发五苑之蓏蔬枣栗足以活民，是用民有功与无功争取也。」陈奇猷集释引《广韵》：「用，使也。」用众，这里指指挥人数众多的军队。

故夜战多火鼓，昼战多旌旗：汉简本作「是故昼战多旌旗，夜战多鼓金」，无「变人目耳」句，且在「故为旌旗」与「夫金鼓旌旗者」之间，即作「……故为旌旗。是敌昼战多旌旗，夜战多鼓金。（鼓金）旌旗者，所以壹人之耳目也」。另，武经本、《御览》卷三三八所引「火鼓」均作「金鼓」。依前后文及汉简本，作「金鼓」为善。因「火鼓」亦可通，李筌、杜牧、陈皞、张预等皆注为「火鼓」，今姑依传本。李筌曰：「火鼓，夜之所视听；旌旗，昼之所指挥。」变人之耳目：适应将士们的视听。一说为迷惑敌人的视听。

译文 《军政》说：「战场上用语言指挥听不见，所以就设置了锣鼓；用动作指挥相互看不见，所以就设置了旗帜。」金鼓和旗帜这些工具都是用来统一军队的视听和行动的。行动统一了之后，勇敢的人也不能独自前进，胆怯的人也不能独自退却，这就是指挥大部队作战的方法。所以，夜间作战，多使用火把和锣鼓，白天作战，多使用各种旗帜，这就是适应战士们的视听，把军令迅速贯彻下去的办法。

评点 在古代科技条件不发达的情况下，金鼓旗帜等增强人们听觉和视觉能力的方法是指挥军队、统一军队行动的主要手段。所以孙子在《势篇》中强调了「形名」对指挥军队的重要之后，在这里又提出了「夜战多火鼓，昼战多旌旗」等思想，对军事指挥号令进一步做了强调和深入分析。

在《百战奇略》中，有「昼战」和「夜战」两篇。「昼战」说：「凡与敌昼战，须多设旌旗以为疑兵，使敌莫能测其众寡，则胜。法曰：「昼战多旌旗。」」意思是说，一般来说，对敌在白天作战，必须多插旗帜作为「疑兵」迷惑敌人，以使敌人无法摸清我军兵力的多少，这样，就能战胜敌人。这就是古人兵法上所说的：「白昼作战须多设旗帜。」「夜战」中说：「凡与敌夜战，须多用火鼓，所以变乱敌之耳目，使其不知所以备我之计，则胜。法曰：「夜战多火鼓。」」意思是说：一般夜

间对敌作战，必须多利用火光和鼓声，以便扰乱敌人的视听，使它不知采取什么计策防备我军。这样，就能取得胜利。这就是兵法上所说的：『夜间作战要多用火光和鼓声。』这里所引用的这两句古兵法中的论述，正是出自《孙子兵法》。

其实，我国古代用来用作军队的指挥号令的不止旌旗和火鼓，火药发明之后，『号炮』甚至『铳』等也成为有效的信号手段。戚继光《纪效新书》曾记载了用铳、旗、火、箭等多种工具并用作为军队信号：『每墩不拘日夜，分三人，带起火三枝，碗口铳一个，手铳三个，在于极外海边巡逻守哨。遇有贼登，昼则摇旗放铳为号，夜则放起火放铳为号，墩上即便接应。如天晴，则卓十二幅大白旗，相邻之墩卓起大旗，一路直至本府所在之处，及一路至本卫所城池而止。如若遇天日阴霾有云雾，望旗不见，则将原搭草屋举火，连草屋通听烧然一架。邻墩接放火则已，如不接放，又烧放一架。夜遇有警，看近海下墩哨军火箭号响，只烧放草屋一座。盖夜间火甚明，不必二座也。邻墩即便一体点放草屋。贼到之墩一面差一人由便路径到本卫所并陆路官处报贼多寡，登犯时日情由，听该卫照本府原发报式转报。』

烟火也不止可以作为夜晚的军事信号，白天也可以使用，古代的烽火台就是一个例子。在长城沿线的险要之处或视野开阔的山岗上，每隔5－10里就会有一座烽火台，每个台上设有若干烽火墩，并备有硫黄、硝石、柴草等物品。如果白天发现敌情就燃烟，称为『燧』；夜间发现敌情则举火，叫做『烽』。后来，还根据发现敌军的多少，增加了以鸣炮为号。烽火台上所用的燃烧物中掺入了狼粪，燃烧时烟浓黑却直冲云天而不散，所以以后有了把敌情称作『狼烟』的比喻。古代一般都对烽火台上的信号管理得特别严格，绝对不允许作为儿戏，所以周幽王『烽火戏诸侯』导致亡国的事情历来被后代人所耻笑和警诫。

故三军可夺气，将军可夺心。是故朝气锐，昼气惰，暮气归。故善用兵者，避其锐气，击其惰归，此治气者也。以治待乱，以静待哗，此治心者也。以近待远，以佚待劳，以饱待饥，此治力者也。无邀正正之旗，无击堂堂之陈，此治变者也。

注释

故三军可夺气：武经本、樱田本前无『故』字。夺：丧失，失去。《素问·通评虚实论》：『邪气盛则实，精气夺则虚。』王冰注：『夺，谓精气减少如夺去也。』南朝宋谢惠连《雪赋》：『皓鹤夺鲜，白鹇失素。』宋王安石《上五事札子》：『农时不夺而民力钧矣。』《明史·太祖纪一》：『斩首二千余级，焚溺死者无算，友谅气夺。』气：特指勇气，豪气，锐气。《左传·庄公十年》：『夫战，勇气也。一鼓作气，再而衰，三而竭。』晋郭璞《山海经图赞·鲦鱼》：『壮士挺剑，气激白虹。』唐韩愈《送张道士序》：『臣有胆与气，不忍死茅茨。』清魏源《圣武记》卷一：『太祖议我都城偪辽渖，将先图叶赫则患明兵捣我之虚，非大挫明兵，夺其气不可。』曹操曰：『左氏言一鼓作气，再而衰，三而竭。』李筌曰：『夺气，夺其锐勇。』张预曰：『敌人新来而气锐，则且以不战挫之，伺其衰倦而后击，故彼之锐气可以夺也。』将军可夺心：《御览》卷二七〇作『将军不可夺心』。心：指决心，意志。李筌曰：『怒之令愤，挠之令乱，间之令疏，卑之令骄，则彼之心可夺也。』张预曰：『心者，将之所主也。夫治乱勇怯，皆主于心。故善制敌者，挠之而使乱，激之而使惑，迫之而使惧，故彼之心谋可以夺也。《传》曰：『先人有夺人之心。』谓夺其本心之计也。』

朝气锐，昼气惰，暮气归：朝气、昼气、暮气：分别指始战时的士气、经战既久时的士气和用战之末时的士气。张预注云：『朝喻始，昼喻中，暮喻末，非以早晚为辞也。』孟氏注曰：『朝气，初气也；昼气，再作之气也；暮气，衰竭之气也。』梅尧臣曰：『朝

言其始也，昼言其中也，暮言其终也。」锐：指士气旺盛。《后汉书·王霸传》：「霸知士心锐，乃开营后，出精骑袭其背。」宋周密《齐东野语·张魏公三战本末略》：「吴玠、郭浩极言虏锋方锐，且当分守其地，掎角相援，待其弊乃可乘。」惰：懈怠，衰败。《书·益稷》：「元首丛脞哉，股肱惰哉，万事堕哉。」《论语·子罕》：「语之而不惰者，其回也与！」《墨子·修身》：「雄而不修者，其后必惰。」韩愈《袁州刺史谢上表》：「微臣惟当布陛下惟新之泽，守国家承平之规，劝以耕桑，使无怠惰而已。」归：终、消亡、灭亡。《广雅》：「归，止息也。」《左传·定公十一年》：「以讨召诸侯，而以贪归之，无乃不可乎？」《吕氏春秋·慎大览·顺说》：「不设形象，与生与长，而言之与响，与盛与衰，以之所归。」高诱注：「归，终也。」《列子·天端》：「古者谓死人为归人。」

故善用兵者，避其锐气，击其惰归：汉简本「避」作「辟」，「锐」作「兑」，《通典》倦一五五所引无「故」字。张预注曰：「善用兵者，当其锐盛则坚守以避之，待其惰归则出兵以击之。」毛泽东说：「孙子说的『避其锐气，击其惰归』，就是指的使敌人疲劳沮丧，以求减杀其优势。」（《中国革命战争的战略问题》）此治气者也：《通典》卷一五五所引「治」作「理」，因避唐高宗讳。《御览》卷二七〇所引无「气」字。治气：谓掌握利用军队士气变化的一般规律。

以治待乱，以静待哗：治：有规矩，严整。《庄子·人间世》：「以礼饮酒者，始乎治，常卒乎乱。」郭象注：「尊卑有别，旅酬有次。」待：对付，防范。《左传·宣公十二年》：「内官序当其夜，以待不虞。」《国语·鲁语下》：「说侮不懦，执政不贰，帅大雠以惮小国，其谁云待之。」韦昭注：「以楚大雠，为鲁作难，其谁能待之？待，犹御也。」《史记·廉颇蔺相如列传》：「赵亦盛设兵以待秦，秦不敢动。」《后汉书·公孙瓒传》：「今吾诸营楼橹千里，积谷三百万斛，食此足以待天下之变。」哗：人声嘈杂，喧闹，躁动不安。宗泽《早发》诗：「眼中形势胸中策，缓步徐行静不哗。」李筌曰：「伺

敌之变，因而乘之。」贾林曰：「以我之整治待敌之挠乱，以我之清静待敌之喧哗。」治心：谓掌握利用军队心理变化的一般规律。

以近待远，以佚待劳，以饱待饥，此治力者也：《通典》卷一五六、《御览》卷二七〇、《长短经·先胜》所引「佚」作「逸」。《长短经·先胜》所引「以近待远」作「以远待近」。《御览》卷一五六所引「治」作「理」。治力：谓掌握利用军队战斗力的一般规律。

无邀正正之旗，无击堂堂之陈，此治变者也：汉简本「无」作「毋」，汉简本、《御览》卷三四〇所引「邀」作「要」。邀：阻拦，截击。《东观汉记·光武帝纪》：「帝邀之于阳关，寻邑兵盛，汉兵反走。」《周书·文帝纪上》：「乃令原州都督导邀其前，都督贺拔颍等追其后。」明冯梦龙《智囊补·兵智·祖逖等》：「宋檀道济伐魏累胜，至历城，魏以轻骑邀其前后，焚烧谷草，道济军食尽引还。」正正：整齐貌。曹操注：「正正，齐也。」张预注：「谓形名齐整也。」元罗爱卿《凌虚阁避暑玩月》诗之四：「曲曲栏干正正屏，六铢衣薄懒来凭。」堂堂：形容盛大。《晏子春秋·外篇上二》：「（齐景公）曰：『寡人将去此堂堂国者而死乎！』」《文选·何晏〈景福殿赋〉》：「尔乃丰层覆之耽耽，建高基之堂堂。」张铣注：「堂堂，高敞貌。」元耶律楚材《和孟驾之韵》：「天兵一鼓下睢阳，旌旗整整阵堂堂。」曹操曰：「堂堂，大也。」张预曰：「行阵广大。」陈：阵。治变：谓掌握利用机动应变的一般规律。

译文

敌人的军队，可以使其士气衰竭；敌人的将领，可以使其决心动摇。军队初战时气势锐利，作战久了就会逐渐懈怠，战至最后就士气衰竭了。所以，善于用兵的人，避开敌人初战时锐利的气势，待到其气势低迷衰竭时，再对其实施打击，这是懂得利用军队气势变化的一般规律。以我军的治理严整对付敌军的混乱，以我军的镇定对付敌军的喧哗轻躁，这是懂得利用军队心理变

化的一般规律。用我军在近处的战场，对付远道而来的敌人；用我军的安逸修整精神饱满，对付疲劳困乏的敌人；用我军的粮食充足人马饱食，对付缺粮饥饿的敌人，这是懂得利用军队战斗力的一般规律。不要去攻打旗帜整齐的队伍，不要去攻击阵容强大的军队，这是懂得利用机动应变的一般规律。

评点 士气是军队制胜的关键，打击敌人的士气、提高自己的士气，都是克敌制胜的有效方法。《兵靁》中说：『兵家惟其先人，故能有夺人之心，关中之王，在于先人；北山之胜，在于先据，古之善战者，先为不可胜，以待敌之可胜，未有不先处战地而待敌者也。是故治气则先，治心则先，治力则先，治变则先；隘则先居之，险则先去之，爱则先夺之。盖先胜而后战，非先战而后胜也。弈，小数耳，犹曰自始至终着着求先，况乎兵哉！』所表达的也是这个道理。

《通典》中说，『军师志坚必胜』，现以《通典》卷一五二和一六一中的几个战例作为史证来说明『治心』对于军队的重要性。

春秋时，晋师伐齐，陈于鞌。晋解张御郤克，郑丘缓为右。及战，郤克伤于矢，流血及屦，未绝鼓音，曰：『余病矣！』张曰：『自始合，而矢贯余手及肘，余折以御，左轮朱殷，岂敢言病？吾子忍之。』丘缓曰：『自始合，苟有险，余必下推车，子岂识之？然子病矣！』张曰：『师之耳目，在吾旗鼓，进退从之。此车一人殿之，可以集事。若之何其以病败君之大事？擐甲执兵，固即死也，病未及死，吾子勉之！』左并辔，右援枹而鼓。马逸不能止，师从之。齐师败绩。

东晋将周访讨江、沔闲贼杜曾，访有众八千，进至沌阳。曾锐气甚盛，访曰：『先人有夺人之心，善谋也。』使将军李恒督左甄，许朝督右甄，自领中军，高张旗帜。曾果先攻左右甄。曾勇冠三军，访甚恶之，自于阵后射雉以安众心。令小将赵胤领其父余兵属左甄，力战，败而复合。胤驰马告急，访怒，叱令更进。胤号哭还战，自辰至申，两甄皆败。访选精锐八百人，自行酒饮之，敕不得辄动，闻鼓音乃进。贼未至三十步，访亲鸣鼓，将士皆腾跃奔赴，曾遂大溃，杀千余人，

遂定汉、沔。

东晋将朱伺善战，人或问之，伺答曰：『诸人以舌击贼，伺唯以刃耳。』又问曰：『将军前后击贼，何以每得胜耶？』伺曰：『两敌共对，唯当忍之。彼不能忍，我能忍，是以胜耳。』

后汉初，寇恂征隗嚣，嚣将高峻守第一，遣军师皇甫文出谒恂，辞礼不屈。恂怒，斩之，遣其副归告峻曰：『军师无礼，已戮之矣。欲降，急降；不欲，固守。』峻惶恐，即日开城降。诸将皆贺，因曰：『敢问杀其使而降其城，何也？』恂曰：『皇甫文，峻之腹心，其所取计者。今来，辞意不屈，必无降心。全之则文得其计，杀之则峻亡其胆，是以降耳。』诸将皆曰：『非所及也。』

故用兵之法，高陵勿向，背丘勿逆，佯北勿从，锐卒勿攻，饵兵勿食，归师勿遏，围师必阙，穷寇勿迫，此用兵之法也。

注释 高陵勿向：陵：高地，山头。《诗·小雅·天保》：『如山如阜，如冈如陵。』毛传：『大阜曰陵。』《后汉书·马融传》：『其植物则玄林包竹，藩陵蔽京。』李贤注引《尔雅》：『大阜曰陵。』韩愈《咏雪赠张籍》：『岸类长蛇搅，陵犹巨象豗。』《乐府诗集·鼓吹曲辞一·上邪》：『山无陵，江水为竭。冬雷震震夏雨雪，天地合，乃敢与君绝。』向：仰攻。杜牧曰：『向者，仰也。……言敌在高处，不可仰攻。』梅尧臣曰：『敌处高处，不可仰击。』

背丘勿逆：汉简本作『倍丘勿迎』，《通典》卷一五六、《御览》卷三〇六所引均作『背丘勿迎也。』背：背对，倚着。杜牧注曰：『背者，倚也。』《周礼·秋官·司仪》：『不正其主面，亦不背客。』《国语·吴语》：『王背屏而立，夫人向屏。』

《水经注·汾水》：『水南有长阜，背汾带河。』唐温庭筠《菩萨蛮》词：『相忆梦难成，背窗灯半明。』宋王安石《次御河寄城北会上诸友》诗：『背城野色云边尽，隔屋春声树外深。』丘：自然形成的小土山。《书·禹贡》：『九河既道……桑土既蚕，是降丘宅土。』孔传：『地高曰丘。大水去，民下丘居平地，就桑蚕。』逆：迎战；迎击。《管子·大匡》：『（齐桓公）兴师伐鲁，造于长勺，鲁庄公兴师逆之，大败之。』《周书·文帝纪下》：『太祖至谷城，莫多娄贷文、可朱浑元来逆，临阵斩贷文，元单骑遁免。』《资治通鉴·汉献帝建安十三年》：『将兵与备并力逆操。』孟氏曰：『敌背丘陵为阵，无有后患，则当引军平地，勿迎击之。』张预曰：『敌处高为陈，不可仰攻，人马之驰逐，弧矢之施发，皆不便也。』

佯北勿从：佯：汉简本作『详』，假装。《荀子·非十二子》：『利心无足，而佯无欲者也。』杨倞注：『好利不知足而诈为无欲者也。』前蜀韦庄《女冠子》词之一：『四月十七，正是去年今日，别君时，忍泪佯低面，含羞半敛眉。』北：败，败逃。《左传·桓公九年》：『斗廉衡陈其师于巴师之中，以战，而北。』《史记·廉颇蔺相如列传》：『匈奴小入，详北不胜，以数千人委之。』唐李邕《陇关游奕使任令则碑》：『胡虏久摧，戎羌屡北。』从：跟随，追击。《书·汤誓》：『夏师败绩，汤遂从之。』孔传：『从，谓逐讨之。』《左传·桓公五年》：『祝聃射王中肩，王亦能军。祝聃请从之。』杨伯峻注：『从之，谓追逐之也。』李筌杜牧曰：『恐有伏兵也。』王皙曰：『势不至北，必有诈也，则勿逐。』张预曰：『敌人奔北，必审真伪。』

锐卒勿攻：《通典》卷一五五所引于下又有『强而避之』四字，当是注文窜入正文，而非此句下文。李筌曰：『避强气也。』杜牧曰：『避实也。』梅尧臣曰：『伺其气挫。』

饵兵勿食：汉简本无此句，《通典》卷一五六所引『食』作『贪』。饵：钓鱼或诱捕其它禽兽的食物，这里指用以诱敌的小利。

《庄子·胠箧》：『钩饵罔罟罾笱之知多，则鱼乱于水矣。』郭庆藩集释引卢文弨曰：『饵，鱼饵也。』《荀子·法行》：『鹰鸢犹以山为卑而增巢其上，及其得也必以饵。』杜佑曰：『以小利来饵己，士卒勿取也。』梅尧臣注：『鱼贪饵而亡，兵贪饵而败。敌以兵来钓我，我不可从。』王皙曰：『饵我以利，必有奇兵。』

归师勿遏：汉简本此句与下句次序颠倒，『遏』作『谒』。归师：返回的军队。曾巩《责帅制》：『劳问饷给，如劳归师。』遏：阻击，抵御。《吕氏春秋·悔过》：『蹇叔谓其子曰：「晋若遏师，必于殽。」』杜佑注：『穷寇退还，依险而行，人人怀归，故能死战，徐观其变，而勿遏截之。』李筌注：『士卒怀归，志不可遏也。』孟氏注：『人怀归心，必能死战，则不可止而击也。』

围师必阙：『必阙』，汉简本作『遗阙』，樱田本作『勿周』。阙：空隙，缺口。《左传·昭公二十年》：『过齐氏，使华寅肉袒执盖，以当其阙。』杜预注：『阙，空也。以盖当侍从空阙之处。』《汉书·王莽传下》：『归师勿遏，围城为之阙。』梅尧臣《打鱼》诗：『安知罟师意，设网遮其阙。』曹操曰：『《司马法》曰：「围其三面，阙其一面，所以示生路也。」』杜牧曰：『示以生路，令无必死之心。』

穷寇勿迫：汉简本无此句，四库本『迫』作『追』，樱田本『迫』作『逼』。穷：困窘；窘急。《墨子·非儒下》：『孔某穷于蔡陈之间。』《韩非子·说难》：『（彼）自智其计，则毋以其败穷之。』《战国策·秦策二》：『秦惠王死，公孙衍欲穷张仪。』《韩诗外传》卷二：『兽穷则啮，鸟穷则啄，人穷则诈。』陷于困境的敌人。后文《行军篇》：『粟马肉食，军无悬瓴，不返其舍者，穷寇也。』《逸周书·武称》：『追戎无恪，穷寇不格。』《汉书·韩信传》：『汉兵远斗，穷寇（久）战，锋不可当也。』迫：困厄，窘迫。《韩非子·存韩》：『夫韩尝一背秦而国迫地侵，兵弱至今。』《文选·谢灵运（南

楼中望所迟客》诗》：『杳杳日西颓，漫漫长路迫。』李善注：『《楚辞》云：「日杳杳以西颓，路长远而窘迫。」王逸注曰：「言道路长远，不得复还，忧心迫窘，无所舒志也。」』此句意思是说，陷入绝境中的敌人，不可过分逼迫。陈皞曰：『鸟穷则搏，兽穷则噬。』梅尧臣曰：『困兽犹斗，物理然也。』

译文 所以，用兵的原则是，高山上的敌人不要仰攻，背靠山冈的敌人不要迎击，假装逃跑的敌人不要追击，士气旺盛的敌人不要攻打，充当诱饵的敌人不要去消灭，回撤的部队不要去阻拦，包围敌人要网开一面，陷入绝境的敌人不要过分逼迫，这些都是用兵的基本原则。

评点 军事斗争不是为了小利的争夺，必须以最终的目的作为行动的依据。不要计较于一时一地的得失，也不要为了多歼灭几个敌人去犯险，更不要为小的利益所诱骗而上当。不为小利乱大谋，在任何领域内，都是一条必须遵守的原则。

西晋时，刘舆在东海王司马越府上任职时，喜欢诬陷别人，有很多人都受到他的陷害。只有庾敳纵心事外，没有什么把柄可抓。于是刘舆就想出一个坏主意，庾敳为人节俭而家产富有，刘舆就劝说东海王向他借钱一千万。一千万不是一个小数目，只要庾敳吝啬不肯借，就乘机找他的岔子。

在一次宴会上，东海王向庾敳提出借钱。这时庾敳已经醉倒，头巾落在小桌上，他就低下头把帽子顶起来戴上，一边戴一边慢慢地说：『下官有家财二千万，您爱拿多少就拿多少吧。』后来，有人向庾敳说了东海王借钱的本意，庾敳淡淡地说：『真是以小人之心度君子之腹。』

庾敳虽然为人节俭吝啬，但他是明智的，他知道钱财终究没有生命重要。当东海王向他借钱时，他用自己的大方终于使刘舆的阴谋破产。汉朝时丞相田蚡向窦婴索要良田，窦婴不答应，结果被田蚡害死，正应了『人为财死，鸟为食亡』这句老话。

战国时期，秦国军队围攻赵国的都城邯郸，诸侯们惧怕秦国的强大，没有一个敢出面救援赵国的。魏安釐王派将军新垣衍乘机潜入邯郸，给赵国出主意让赵国尊秦国为帝，说秦国一高兴就可能撤围而去。

这时，齐国人鲁仲连正好在赵国，闻讯后就去求见平原君，向平原君陈明利害。平原君说，现在新垣衍还在与赵国国君商谈此事，自己插不上话，于是介绍鲁仲连与新垣衍见面。

鲁仲连见了新垣衍，没有说话。新垣衍说：『我观察现在还留在这个被围困的城市中的人，都是有求于平原君的，而先生您并不像有求于平原君，为什么也在这里不趁机离开呢？』

鲁仲连说：『秦国是个不讲礼义崇尚战功的国家。用强权诡诈之术来驱使他们的战士，像奴隶一样对待他们的老百姓。如果秦王顺利地称帝，我决不愿意作他的百姓，宁愿投东海而死。我今天来见将军的目的，就是想请您帮助赵国。』

接着，鲁仲连逐条历数了秦王称帝的危害，终于说服了新垣衍。新垣衍起身再拜，说：『我以前以为您只是一个平常人，今天才知道您果然是天下难得的贤士。我马上离开赵国，决不敢再提同意秦国称帝的事了。』

秦将听说这件事以后，把军队从赵国城下后撤了五十里。正赶上魏国公子无忌要领兵救援赵国，抗击秦军，秦国军队知道占不到便宜，就撤出了赵国。

平原君感谢鲁仲连为赵国缓解了危难，想给他封赏。鲁仲连推辞再三，坚决不要。平原君于是设酒宴，款待鲁仲连。在酒酣之际，平原君以千金为礼物送给鲁仲连。鲁仲连笑着说：『天下之士最可贵的，就是为人排忧解难而不贪图丝毫回报。做了事情求回报，是商贾才做得出来的，而我鲁仲连坚决不做这样的事情。』

鲁仲连释赵难而不要回报，成为千古佳话。后来，宋朝的苏轼经过考证后认为，为人排患解难，事成之后而不领赏的，

战国时期只有鲁仲连一个人。

《管子》中说，一概听任于物而能掌握物的变化称为『神』，一概听任于事而能掌握事的变化称为『智』。能够掌握物的变化而自己的气不变，掌握事的变化而自己的智不变，这是只有坚持专一的君子才能做到的。人的力量是有限的，有时需要借助于外物，一个人只有做到善于利用外物而不受外物所役使，才算真正明智的人。

唐代柳宗元写过一篇名为《蝜蝂传》的寓言故事。蝜蝂是一种喜欢背东西的小虫。它在路上爬行时，遇到东西就拿起来，昂着头背起它。蝜蝂的背部很粗糙，东西积累很多也不会散落。它总是不停地拾东西往自己的背上放，不管压得自己多难受也不停止，一直到压得倒在地上，爬不起来。有的人遇到这种情况，出于怜悯，帮它拿掉背上的东西。但是它一旦能够走动，又会像原来一样继续往自己的背上加东西。这种虫子还喜欢往高处爬，不到力气用尽决不停止，直到最后从高处落地而死。

柳宗元说：世上嗜好掠取的人，遇到财物从不回避，拿来增加自己的家产，不考虑是否会成为自己的负担，惟恐钱财积累不够。等到疲倦摔跟头时或被贬斥抛弃后，就会萎靡不振。而一旦能够翻身，又天天想着爬上更高的位置，得到更多的俸禄，贪念更加滋生。即使接近于危机和崩溃，看到以前有人因此而丧命，也不知道有所警戒。虽然他们的身形高大，他们的名称是人，但是智慧却并不比这种小虫子高明啊！

据《列子》记载：杨朱游历到鲁国，夜晚借宿在一个姓孟的人家。主人向杨朱请教：『人生在世，老老实实做人就行了，要名声干什么呢？』

杨朱说：『可以靠名声来捞取钱财。』

『那么有的人已经很富了，为什么还要求名呢？』

『可以用名声来谋求高贵的地位。』

姓孟的仍然不理解，继续问：『如果这样说，有的人已经很高贵了，为什么还在不停地追逐名声呢？』

杨朱说：『他们是为了死后能留名万世。』

姓孟的更加迷惑了，说：『人既然已经死了，还要名声干什么呢？难道棺材里的死尸还会听见人们对他的议论吗？』

『留下好名声对于他们的子孙后代有好处啊！』

俗话说，『人为财死，鸟为食亡』，汲汲于名利，可能是人的通病，所以一些人为了得到虚名和浮利，可以不择手段。但是，不论求名还是求利，都有一个道德界限问题，因此孔子说：『不义而富且贵，于我如浮云。』老子说：『过分追求名声必定要付出惨重的代价，过分积聚钱财必定会招来重大损失。』『知道自我满足就不会受到屈辱，知道适可而止就不会遭遇危险。』说的都是这个道理。

其实，汲汲于名利的人，只会成为名利的奴隶，根本尝不到人生的乐趣，只有不受名利的约束，把名利看淡些，才能得到人生成功的真谛。汉代的疏广年老后决不把钱财留与儿孙，他说：『世上最坏的东西就是钱财。聪明的人钱财多了，就会失去进取向上的斗志；愚蠢的人钱财多了，就会干出更多的蠢事和坏事。』这的确是具有远见卓识的高论。